Albrecht Dihle
Hellas und der Orient

Centrum Orbis Orientalis (CORO)
Zentrum für semitistische und verwandte Studien

Akademie der Wissenschaften zu Göttingen
Georg-August-Universität Göttingen

Julius-Wellhausen-Vorlesung

Herausgegeben von
Reinhard G. Kratz und Rudolf Smend

Heft 2

Walter de Gruyter · Berlin · New York

Albrecht Dihle

Hellas und der Orient

Phasen wechselseitiger Rezeption

Mit einer Einführung von Reinhard Feldmeier

Walter de Gruyter · Berlin · New York

∞ Gedruckt auf säurefreiem Papier,
das die US-ANSI-Norm über Haltbarkeit erfüllt.

ISBN 978-3-11-021956-2
ISSN 1867-2213

Bibliografische Information der Deutschen Nationalbibliothek

Die Deutsche Nationalbibliothek verzeichnet diese Publikation in der Deutschen Nationalbibliografie; detaillierte bibliografische Daten sind im Internet über http://dnb.d-nb.de abrufbar.

Printed in Germany

Einbandgestaltung: Martin Zech, Bremen
Druck und buchbinderische Verarbeitung: AZ Druck und Datentechnik GmbH, Kempten

Einführung

R. Feldmeier

Universität Göttingen

Als man mir vor drei Jahren anlässlich einer Tagung zur religiösen Situation der Kaiserzeit sagte, dass Albrecht Dihle den ersten Hauptvortrag halten würde, da entfuhr es mir unwillkürlich: „Doch nicht etwa ‚der Dihle'? Gibt's denn den noch?"

Verehrte Damen und Herren, sehr verehrter Herr Dihle,

das war alles andere als despektierlich gemeint. „Der Dihle" – das war für mich schon in meinem Theologiestudium vor nunmehr dreieinhalb Jahrzehnten eine feststehende Größe. Mit Werken wie den Studien zur griechischen Biographie und der griechischen Literaturgeschichte, die damals schon zu den Standardwerken zählten, war er in meiner Vorstellung einer jener Heroen der Vorzeit, die man eher mit Wilamowitz und Schadewaldt auf den Inseln der Seligen vermutet, denn dass man sich vorstellen kann, ihm noch *in persona* zu begegnen. Aber ich wurde zum Glück eines Besseren belehrt, wir sind uns dann doch begegnet, hier in Göttingen, an dem Ort, an dem Sie, verehrter Herr Dihle (nachdem Sie von 1940–1942 Soldat waren) studiert haben, wo sie 1946 promoviert wurden und sich 1950 habilitiert haben. Bei dieser Tagung vor drei Jahren haben Sie mit ihrem Vortrag über die griechische Philosophie zur Zeit ihrer Rezeption durch Juden und Christen nicht nur eindrücklich demonstriert, dass es Sie noch gibt, sondern auch, dass man mit „dem Dihle" auch heute noch rechnen muss und rechnen darf.

Das Thema des damaligen Vortrags deutet schon an, was den klassischen Philologen Albrecht Dihle über sein eigenes Fach hinaus für viele benachbarte Wissenschaften besonders interessant macht: Es sind Forschungen, die bewusst über die üblichen Grenzen seines Faches hinausgreifen. Der Titel einer Aufsatzsammlung „Antike und Orient" kann in dieser Hinsicht als programmatisch gelten. Immer wieder ging und geht es Albrecht Dihle um die so oft vernachlässigte Begegnung und Auseinandersetzung der griechischen Welt mit den Kulturen des Ostens – bis Indien und Afghanistan – und um die Rückwirkungen dieser Begegnung auf die Griechen selbst. Dazu gehört auch das Verhältnis der Griechen zu den Fremden, dem zwei der jüngeren Arbeiten von Albrecht Dihle gewidmet sind. Um dieses Thema – Hellas und der Orient – wird es ja auch in dem heutigen Vortrag gehen. Diese Grenzüberschreitungen sind auch für den Theologen höchst spannend, hat Dihle doch seit mehr als einem halben Jahrhundert in einschlägigen Aufsätzen und Monographien auch Judentum und Christentum auf differenzierte Weise zur griechisch-römischen Welt in Beziehung gesetzt. Die Bandbreite seiner Themen reicht dabei von einem Vergleich zwischen antiker Höflichkeit und christlicher Demut über eine Studie zur Goldenen Regel, über das griechische und christliche Verständnis von Gerechtigkeit, das Problem der Entscheidungsfreiheit in frühchristlicher Zeit, Antikes und Unantikes in der frühchristlichen Staatstheorie, die Legitimation politischer Herrschaft nach antiker und frühchristlicher Auffassung bis hin zur griechischen Philosophie zur Zeit ihrer Rezeption durch Juden und Christen, nicht zu vergessen, kleine Juwelen wie seine Studie über die Hoffnung in der griechischen Welt und in der Bibel.

Es ist hier nicht der Ort, und ich bin nicht der Mann, Sie und Ihr Lebenswerk, verehrter Herr Dihle, als Ganzes zu würdigen, ein Lebenswerk, von dem nicht nur Ihre zahlreichen Werke zeugen, sondern auch die Ehrendoktoren aus Bern, Athen und Sydney, die Gastprofessuren in Cambridge, Harvard, Stanford, Princeton, Berkeley, Perugia, Sydney und Durban sowie zahlreiche Ehrungen, von denen ich nur eine hervorheben will: Sie gehören zu dem exklusiven Kreis der Träger des Ordens Pour le Mérite. Da ich aber gebeten wurde, Sie einzuführen, so habe ich beschlossen, das so zu tun, wie es einem entspricht, der sich nicht Kenner, aber doch Liebhaber der antiken Literatur nennen darf: Ich habe mir den Luxus gegönnt, ausgiebig in den Werken „des Dihle" zu schmökern. Schon im Blick auf das heutige Vortragsthema habe ich dabei einige interessante Entdeckungen machen können. Von Titeln wie „Der Seeweg nach Indien" oder „Clemens von Alexandrien und Buddha" verführt habe ich mich in fremde Welten entführen lassen, von denen ich bislang keine Ahnung hatte. Ich habe gelesen, wie über jene Schifffahrtsroute über den Indischen Ozean buddhistische Traditionen nach Westen gelangten, bis der Zusammenbruch der Seepolizei in den Wirren des 3. nachchristlichen Jahrhunderts diesen Verkehr fast ganz zum Erliegen brachte, und wie sich diese südindischen Traditionen über den Buddhismus unterscheiden von den nordindischen, die auf dem Landweg nach Europa kamen. Nebenbei habe ich auch noch etwas erfahren über griechische Herrschaften am Hindukusch, deren Ausgreifen auf Nordindien und deren Untergang. Wenn ich – horribile dictu – für das heutige Thema einen Drittmittelantrag schreiben müsste, dann könnte man den immer vorteilhaften Aktualitätsbezug so formulieren: Vom Einfluss des Buddhismus auf den Westen über die Piratenplage im Indischen Ozean bis zum Krieg in Afghanistan kommt alles schon bei Dihle vor. Solche Anbiederungen hat Albrecht Dihle freilich nicht nötig – sein Werk spricht für sich.

Lassen Sie mich deshalb, ehe Albrecht Dihle selbst in dieser nach dem Theologen Wellhausen benannten Vorlesung das Wort ergreift, Ihnen ein paar theologisch spannende Lesefrüchte aus diesem seinem Werk vorstellen. Sie werfen in meisterhafter Prägnanz Schlaglichter auf die spannungsreiche und fruchtbare Beziehung des Christentums zur griechischen und lateinischen Welt und mögen so einen kleinen Eindruck vom Reichtum des Schaffens des Mannes geben, dessen viva vox zu hören Sie in wenigen Minuten das Vergnügen haben werden.

Schon dort, wo Albrecht Dihle sich auf den traditionellen Bereich seines Faches konzentriert wie in seinem Werk Die griechische und lateinische Literatur der Kaiserzeit, wird immer wieder deutlich, wie der für ihn charakteristische Blick über die Grenze die Wahrnehmung für die grundlegenden Gemeinsamkeiten innerhalb der in sich so vielfältigen paganen Literatur schärft: „Die facettenreiche Religiosität, die dem Betrachter in den räumlich wie zeitlich weit auseinanderliegenden Dokumenten der Zivilisation des Kaiserreiches begegnet, reicht von den krassesten Formen der Magie bis zu sublimen Spekulationen philosophischer Theologie. Immer aber war sie eine an der

Natur, an der kosmischen Ordnung orientierte Religiosität, mochte man auch die wahren Gesetze dieses Kosmos in der Nachfolge Platons jenseits der erfahrbaren Wirklichkeit der Sinnenwelt suchen. Die zuerst bei Augustin entwickelte Vorstellung, nur die Wechselwirkung zwischen Gott und der Seele, dem Persönlichkeitskern des Einzelnen, sei letztlich von Wichtigkeit, war antikem Empfinden fremd. Sie stand am Anfang der Entdeckung der Subjektivität, welche die neuere Kultur auszeichnet, und ihre Durchsetzung bedeutete das Ende der antiken Kultur" (A. Dihle: Die griechische und lateinische Literatur der Kaiserzeit. Von Augustus bis Justinian, München 1989, S. 31).

Der Blick über die Grenze lehrt aber, wie der zitierte Text schon andeutet, nicht nur das Eigene besser verstehen, sondern auch das Fremde, in diesem Fall das Spezifikum eines von der biblischen Offenbarung geprägten Denkens. Dafür ein weiteres Beispiel. In seiner Studie *Natur und Gerechtigkeit bei den Griechen* geht Dihle Konzepte der verschiedenen Philosophenschulen durch, um dann im Blick auf die Begründung der Ethik mit wenigen Strichen und in meisterhafter Präzision Juden und Christen davon abzuheben: „Wie die Philosophen wollten auch Juden und Christen den Weg zum rechten Leben weisen, und darum galten selbst bei Gegnern ihre Lehren als Philosophien [...] Doch die Begründung der Lebensregeln war eine andere als bei den Philosophen. Nicht aus der Erkenntnis der Natur- oder Seinsordnung lernen wir den Unterschied zwischen Gut und Böse, sondern durch den Gottesglauben, sagt der philosophisch gebildete Christ Laktanz [...] Die griechische Philosophie rechnete die Theologie zur Physik, zur Lehre von der Natur, die Götter und Menschen einschließt. Aus biblischer Sicht war die Natur Werk eines souveränen Schöpfers, ohne den Rang einer letzte[n] Instanz zu haben" (A. Dihle: Natur und Gerechtigkeit bei den Griechen, in: Akademie-Journal 2/2002, 67–72, S. 71).

Lassen Sie mich als Letztes noch auf die schon erwähnte Studie zur Hoffnung zu sprechen kommen. Auch hier wird mit wunderbarer Klarheit und zugleich äußerster Knappheit die zentrale Bedeutung der Hoffnung in biblischer Tradition mit der höchst ambivalenten Bedeutung von ἐλπίς in der griechischen kontrastiert. Ausgehend von einem Gedicht Goethes kommt Dihle dann zuletzt auch noch auf unsere Zeit zu sprechen, auf die Diskreditierung der Hoffnung durch ihren ideologischen Missbrauch und ihr Zerbrechen durch das zerstörerische Handeln des Menschen. Doch nicht die Resignation behält für Dihle das letzte Wort, sondern ein vorsichtig-trotziges „Dennoch" eines Glaubens, der hinter allem Wirklichen und von uns Verwirkten noch mit den Möglichkeiten Gottes rechnet: „Die Hoffnung auf das zugesagte ganz Neue, noch nie Erfüllte als Grundlage der Lebensführung ist durch die biblische Tradition in unser Blickfeld getreten, das Vertrauen auf Kraft und Ordnung der Natur durch die von den Griechen ausgehende Tradition. Wir haben jedoch in der jüngsten Vergangenheit beides erlebt, den schnellen und totalen Zusammenbruch von Utopien, die den Fortschritt zu einem vollkommenen Endzustand der Menschheit verhießen und das Schicksal vieler Millionen Menschen bestimmten, aber auch den Verlust des Glaubens an die alles heilende Macht der Natur, deren Ordnung uns durch menschliche Aktivitäten als tief, vielleicht irreparabel gestört erscheint. Vielleicht können wir es jedoch mit dem Verfasser der Klagelieder des Jeremia halten, wenn er sagt: Die Güte des Herrn ist noch nicht am Ende" (A. Dihle: Von der Hoffnung, in: Ruperto Carola 85 [1992], 7–16, S. 15).

Verehrter Herr Dihle, ich darf Sie um Ihren Vortrag bitten.

Hellas und der Orient

Phasen wechselseitiger Rezeption

A. Dihle

Universität Heidelberg

Nicht erst die neuzeitliche Wissenschaft hat es herausgefunden, die Griechen selbst haben gewusst und gesagt, dass viele ihrer Errungenschaften im Orient ihren Ursprung hatten.

Ein frappierendes Beispiel solcher, den Griechen klassischer Zeit freilich nicht mehr bewusster Abhängigkeit findet sich in der „Theogonie", einem Epos des Dichters Hesiod, der vermutlich ins frühe 7. Jh. v. Chr. zu datieren ist.[1] Das Gedicht entwirft ein Bild von der Entstehung und Ordnung der Welt in der Form des genealogischen Zusammenhanges unzähliger göttlicher Wesen. Im Zentrum steht dabei die Abfolge dreier Götterdynastien mit den Häuptern Uranos, Kronos, Zeus, die einander gewaltsam abgelöst haben. Dieselbe Konzeption findet sich in akkadischen Texten aus Mesopotamien, hethitischen aus Anatolien und in griechischen Referaten syro-phoinikischer Überlieferung.[2]

Auch die homerischen Epen, „Ilias" und „Odyssee", lassen Anklänge an die altorientalische Geisteswelt erkennen. Zwar sind die Berührungen Homers und Hesiods mit der altägyptischen und altsemitischen Weisheitsliteratur nicht allzu aussagekräftig, weil es auf diesem Felde Gemeinsamkeiten gibt, die sich weltweit verteilen und sich auf gleiche oder ähnliche, in Sentenzen gefasste Lebenserfahrungen stützen. Aber die Erzählweisen der epischen Berichte, die Verwendung direkter Reden in verschiedenem Kontext und die dabei

---

1 M. L. West (ed.), Hesiod, Theogony, Oxford 1966, Prolegomena 18–31.
2 Ibid.

üblichen Wiederholungen sind bei Griechen und Orientalen von auffallender Ähnlickeit, und die kosmologischen und kosmogonischen Vorstellungen weisen viele Gemeinsamkeiten auf. Walter Burkert hat die einschlägigen Zeugnisse zusammengestellt.[3] Allerdings sollte man nicht übersehen, dass selbst das eindrucksvolle Gilgamesch-Epos weder im Umfang noch hinsichtlich der Zeichnung seiner Personen und Situationen den Vergleich mit den beiden homerischen Gedichten aushält, ganz unabhängig von den Unterschieden in der Auffassung vom Menschenleben und seiner Bestimmung.[4]

Bemerkenswert ist nun, dass die „Odyssee", höchstwahrscheinlich das jüngere der beiden Epen, deutlichere Hinweise auf den Orient enthält und sich darin dem zweiten Epos Hesiods, den „Werken und Tagen", nähert. Hesiod legt in diesem Werk mit großem Ernst dar, dass in dieser Weltzeit unter dem Regiment des Zeus das Recht unter den Menschen herrscht oder doch herrschen soll, anders als im Tierreich, und dass die Götter seine Einhaltung überwachen. Ähnliche Aussagen gibt es in der „Odyssee", die damit der Verantwortung des Menschen für sein Ergehen eine größere Bedeutung beimisst und die willkürliche Zuteilung der Güter und Plagen durch die Götter, von der die „Ilias" weiß, zurücktreten lässt. In der „Ilias" lohnen und strafen die Götter nur das menschliche Verhalten ihnen gegenüber, etwa im Blick auf ihre im Sakralwesen zu erfüllenden Ansprüche oder auf den Eid, der ja bei einer Gottheit abgelegt wird, oder auch auf das Gastrecht. Im Übrigen schert das Verhalten der Menschen untereinander die Götter wenig, und ihre Zuneigung oder Abneigung, so stark und

---

3 W. Burkert, Die Griechen und der Orient, München 2003, 28–54. – Die Datierung der beiden homerischen Epen ist schon deshalb schwierig, weil ihr Stoff aus verschiedenen, zeitlich differierenden Erzählungen stammt. Sicher ist, dass die „Odyssee" mehr Hinweise auf Zeitgenössisches, also Realien des 8. und 7. Jh. v. Chr. enthält. So verrät z. B. Odyssee 9, 116–141 ein Interesse an der Auswahl eines Platzes für eine Koloniegründung. Das im Folgenden öfters gebrauchte Wort „Kolonie" entspricht dabei dem griechischen ἀποικία, das die von einem politischen Gemeinwesen ausgehende Gründung einer auswärtigen Siedlung mit eigenem Bürgerrecht und eigener politischer Verfassung bedeutet. Eine Ansiedlung auf fremdem, etwa enteignetem oder erobertem Gebiet mit der Beibehaltung des bisherigen Bürgerrechtes der Ansiedler hieß dagegen κληρουχία.

4 Burkert, loc. cit. (Anm. 3), 55 ff. C. Meier, Kultur, um der Freiheit willen: griechische Anfänge – Anfang Europas?, München 2009, 111 f.

dauerhaft sie sein kann, verdient man nicht durch ein moralisch zu bewertendes Verhalten, sondern am ehesten durch eine genealogische Beziehung zur Götterwelt. Dass Recht und Moral umfassend unter göttliche Aufsicht gestellt wurde, war demnach damals etwas Neues. Man ist geneigt, hier nach Vorbildern im Orient zu suchen, und denkt dabei an das ägyptische Konzept der Ma'at, an den Codex Hammurabi und andere Gesetzgebungen im Alten Orient, die sich auf göttliche Autorität berufen, oder an die frühen Schriftpropheten des Alten Testaments.[5]

Art und Inhalt solcher Anregungen und Entlehnungen sind in jüngerer Zeit schon oft Gegenstand der Forschung gewesen, mit überzeugenden Resultaten, die weitere Einsichten erwarten lassen. Hier soll es aber um die geschichtlichen Situationen gehen, in denen sich das ereignen konnte, sowie um die Gründe, aus denen sich das anfängliche Verhältnis von Geben und Nehmen in späterer Zeit veränderte.

Man nimmt heute an, dass „Ilias" und „Odyssee" im 7. Jh. v. Chr. als abgeschlossene Kompositionen vorlagen, wenn auch nicht mit dem vollen, uns geläufigen Versbestand. Man kann also mit Teilen aus späterer Zeit rechnen. Beide Epen setzen indessen eine sehr lange Tradition mündlicher Dichtung voraus. Demgegenüber scheint die ägyptische und altmesopotamische Dichtung früh eine Sache des Standes der Schreiber gewesen zu sein. Schreiber musste es unter den Bedingungen einer hochentwickelten Wirtschaft und Verwaltung geben, und das Ansehen dieses Standes hing an der Schwierigkeit der frühen orientalischen Schriftsysteme. Das traf in der griechischen Welt nur auf die mykenische Periode zu, deren Schrift mit dem Untergang der Paläste oder Burgen, ihrer Territorialverwaltung und ihres Außenhandels in Vergessenheit geriet. Das vermutlich im 8. Jh. von den Phoinikern übernommene Alphabet wurde sogleich durch die Einführung von Vokalbuchstaben für seine Anwendung auf das Grie-

---

5   Zum Entstehen der Vorstellung von einer umfassenden, göttlich garantierten Rechtsordnung vgl. K. Latte, Kleine Schriften zu Religion, Recht, Literatur und Sprache der Griechen und Römer, München 1968, 233–251; A. Dihle, Reallexikon für Antike und Christentum (RAC) 10, 1978, 233–246.

chische vereinfacht. Damit ergibt sich die von Martin West[6] u. a. gestellte Frage, ob jene Anregungen und Entlehnungen in die Zeit seit dem Beginn der kommerziellen und kolonialen Expansion der griechischen Welt im 8. Jh. v. Chr. gehören oder viel früher, möglicherweise in die mykenische Epoche, also in die mündliche oder die schriftliche Phase der griechischen Epik zu datieren sind.

Seit dem 8. Jh. unterhielten Griechen aus Euboia eine Handelsniederlassung im heutigen Al Mina an der syrischen Küste, also in der Kontaktzone zwischen Mesopotamien und Ägypien, und zwar etwa zu derselben Zeit, als die ersten griechischen Kolonialstädte in Unteritalien und Sizilien entstanden und die Griechen das Alphabet von den Phoinikern übernahmen.[7] Eine der ältesten griechischen Versinschriften, wohl um 700 v. Chr. entstanden, stammt von der „Affeninsel" Pithekoussa, dem heutigen Ischia, und bezieht sich vielleicht auf eine Homerstelle.[8]

Die ganze archaische Periode der griechischen Kultur bis an die Schwelle des 5. Jh. v. Chr. ist geradezu bestimmt von intensiven Kontakten der griechischen Welt zu den östlichen Hochkulturen. Aus dem 7. und 6. Jh. hören wir von griechischen Söldnern im Dienst der Pharaonen und griechischen Seeleuten im Roten Meer.[9] Die Herrscher der letzten ägyptischen Dynastie von Bedeutung erwiesen sich als besondere Freunde der Griechen. Die Freundschaft zwischen dem Pharao Amasis und dem Tyrannen Polykrates, der die Insel Samos bis zu seinem Sturz durch die Perser regierte, hat sogar eine Spur in der deutschen Literatur hinterlassen. Auch im nordafrikanischen Kyrene wurde damals eine Stadt von Kolonisten aus Thera, dem heutigen Santorin, gegründet, die ihrerseits Beziehungen zu Ägypten unterhielt.

---

6   West, loc. cit. (Anm. 1), 29.

7   Burkert, loc. cit. (Anm. 3), 23–25; Abbildungen bei E. Akurgal, Orient und Okzident, Baden-Baden 1966, 166 über Al Mina, 149 eine in Athen ausgegrabene phoinikische Schale des 9. Jh. v. Chr., 169 ägyptische Motive in phoinikischer Abwandlung in frühgriechischer Kunst.

8   A. Dihle, Hermes 97, 1969, 257–261.

9   F. De Romanis, Cassia – Cinnamomo – Ossidiana, Roma 1996, 78 ff. über griechische Seeleute im Roten Meer und an der Küste Ostafrikas im Dienst der Pharaonen; Herodot 2, 154 griechische Söldner in ägyptischem Dienst seit Psammetich I.; W. Dittenberger, Sylloge inscriptionum graecarum, 4. Auflage, Hildesheim 1960, Nr. 1 griechische Inschriften in Abu Simbel am oberen Nil.

Die Dichterin Sappho berichtete von ihrem Bruder, dass er in Ägypten sein Geld mit einer Hetäre durchgebracht habe. Das geschah vermutlich in Naukratis, der ersten, im 7. Jh. gegründeten griechischen Niederlassung im Nildelta, an der mehrere griechische Städte beteiligt waren und die unter den Pharaonen Handelsprivilegien genoss. Später trat sie in den Schatten Alexandriens. Zu derselben Zeit, um 600 v. Chr., entstand ein Gedicht, das der Dichter Alkaios an einen Freund bei dessen Rückkehr aus dem Dienst im babylonischen Heer richtete.[10] Der Tyrann Periandros von Korinth nannte einen Sohn Psammetichos nach dem damals regierenden Pharao, und der gleichfalls ägyptische Pharaonenname Amasis erscheint auf Vasen derselben Periode. Ein Kouros, die Statue eines jungen Mannes aus dem 6. Jh., trägt den Namen Kroisos, den Namen des letzten Lyderkönigs vor der Eroberung seines Landes durch die Perser.[11] Diese exotischen Namen lassen sich mit weit reichenden Handels- und Familienbeziehungen der griechischen Oberschicht erklären.

Seit dem 8. Jh. drang die orientalische Bilderwelt mit Macht in die Kunst Griechenlands ein, vielleicht das eindrucksvollste Zeugnis griechischer Rezeptionsfreudigkeit. Vermutlich waren an diesem Vorgang auch Handwerker aus dem Osten, vornehmlich aus Phoinikien, beteiligt, die sich in griechischen Städten mit ausgedehnten kommerziellen Beziehungen wie Korinth oder Athen niederließen. Auch orientalische Sitten wie das Liegen beim Gastmahl drangen in die griechische Welt ein, und Räucherwaren, die im Kult Verwendung fanden, sowie Gewürze wurden seit jeher über Südarabien und Ägypten aus Ostafrika und Indien importiert.[12]

Die Griechen, vor allem die an der Westküste Anatoliens ansässigen, unterhielten Beziehungen zu den benachbarten Phrygern, die sich ihrerseits des griechisch adaptierten phoinikischen Alphabetes bedienten, und später, nach dem Zusammenbruch des phrygischen Staates unter dem Ansturm der nomadischen Kimmerier, zu den Lydern,

10 Sappho Fr. 202 Lobel/Page; Alkaios Fr. 48 Lobel/Page [E. Lobel / D. Page (ed.), Poetarum Lesbiorum fragmenta, Oxford 1955].
11 Aristoteles, Politik 1315 b 25 über Periandros; E. Homann-Wedeking, Das archaische Griechenland, Baden-Baden 1966, 117 f. über den Amasis-Maler, 134 f. über die Statue des Kroisos.
12 Burkert, loc. cit. (Anm. 3), 15 f.

deren Reich etwa das halbe Kleinasien mit mehreren Griechenstädten umfasste. Ob die Griechen an den Beziehungen dieser beiden Reiche zu Assyrien Anteil hatten, ist ungewiss. Aber im neubabylonischen Heer, das die assyrische Streitmacht ablöste, dienten griechische Söldner, und den Fall Assurs im Jahre 612 haben die Griechen registriert (s. u. S. 27). Man wusste also voneinander, und die Assyrer, die im 7. Jh. große Teile Anatoliens beherrschten, nannten die Griechen Iaunaia, Ioner, eine Bezeichnung, die in einigen Abwandlungen den Griechen in den Sprachen des Orients bis heute blieb.

Als in der Mitte des 6. Jh. die persischen Achämeniden die Länder des Ostens zu einem Großreich vereinigten und dabei auch die Griechenstädte Kleinasiens unter persische Herrschaft gerieten, verstärkte das die Symbiose, wenn auch nicht die Sympathie, mit den Barbaren. (Die Bezeichnung hatte damals keinen peiorativen Sinn, sondern bezog sich nur auf die den Griechen unverständlichen Sprachen.) Wir wissen von einem griechischen Leibarzt Dareios' I. und von dem Baumeister Mandrokles, der für den Feldzug dieses Großkönigs gegen die Skythen in der heutigen Ukraine eine Brücke über die Donau konstruierte und sich der Anerkennung durch den Auftraggeber in einem Epigramm rühmte.[13] Der Karer Skylax aus dem südwestlichen Kleinasien erkundete im Auftrag des Perserkönigs und beschrieb um 500 v. Chr. in griechischer Sprache die Seeroute von der Mündung des Indus in das Rote Meer.[14]

Die Griechen haben ihre engen Auslandsbeziehungen und die mannigfache Belehrung, die sie der Barbarenwelt verdankten, nie geleugnet. Vor allem dem Geschichtswerk Herodots aus dem 5. Jh. kann man diesbezügliche Mitteilungen in großer Zahl entnehmen: Danach lernten die Griechen die Astronomie von den Babyloniern, die Medizin von den Ägyptern, den Gebrauch gemünzten Geldes von den Lydern und der Schrift von den Phoinikern. Dreierlei aber erfüllte die Griechen mit besonderer Bewunderung: Das Alter der „barbarischen" Überlieferung, die Monumentalität ihrer sichtbaren Zeugnisse wie der ägyptischen Pyramiden oder der Stadtmauern Babylons und

---

13   Herodot 3, 129–137 über den Arzt Demokedes; ibid. 4, 87–89 über den Architekten Mandrokles.

14   Herodot 4, 44 enthält die wichtigsten Nachrichten über Skylax und seine Expedition.

die bedeutende Rolle der Religion im Leben dieser Völker, ganz besonders der Ägypter.

Das Alter illustriert Herodot durch eine Anekdote, mit der er seinem ungeliebten und doch unentbehrlichen Quellenautor Hekataios von Milet, der um 5oo v. Chr. gleichfalls Ägypten bereiste, einen Hieb versetzt. Der ahnenstolze Milesier hatte sich damit gebrüstet, dass seine Anhnenreihe einige Generationen zurück angeblich bei den Göttern begann. Das entsprach der Auffassung vieler Adelsgeschlechter, die sich auf eine Person aus der Heroenwelt zurückführten, die ihrerseits göttlicher, vom Mythos bezeugter Herkunft war. Ein ägyptischer Priester konnte demgegenüber eine durch eine Reihe von Statuen bezeugte Traditionslinie vorweisen, die, obwohl weit länger als die Generationenfolge des Hekataios, noch keineswegs bei den Göttern begann. Herodot will diesen Beweis selbst gesehen haben.[15] Angesichts solcher Einsichten war es verständlich, dass die Griechen versuchten, ihre Heroenwelt, die durch die Dichtung übersichtlich gehalten wurde, mit orientalischen Überlieferungen genealogisch zu verknüpfen und damit den Auslandsbeziehungen des griechischen Adels einen „geschichtlichen" Hintergrund zu verschaffen.[16]

Was die Religion angeht, so sah man ihre besondere Bedeutung in Ägypten, fand aber einiges darin wie die Rolle der Tiere recht befremdlich.[17] Doch sah man auch, dass in diesem Land eben alles vom Gewohnten abwich: Der Nil trat ausgerechnet in der heißen Jahreszeit über die Ufer, Männer verrichteten häusliche Arbeiten und Frauen

---

15 Herodot 2, 143 über den Ahnenstolz des Hekataios; Herodot hat Hekataios ausgiebig benutzt, gelegentlich nach dem Zeugnis des Porphyrios sogar wörtlich ausgeschrieben: Die Fragmente der griechischen Historiker (FgH) von Felix Jacoby, Berlin 1923 ff. / Leiden 1957 ff., 1 F 324.

16 Die deutlichste Anknüpfung zeigt der Danaiden-Mythos, den Aischylos in den „Hiketiden" dramatisch bearbeitete, bei Herodot 2, 91. Doch gibt es bei Herodot auch kritische Bemerkungen zu diesen Traditionen (6, 53–55).

17 Zum Beispiel Herodot 2, 64 f.; vgl. W. Burkert in G. Nenci (ed.), Hérodote et les peuples non Grecs, Entretiens sur l'Antiquité Classique XXXV, Fondation Hardt sur l'Antiquité Classique, Genève 1988, 1–40 zu Herodots Aussagen über fremde Religionen.

betätigten sich außer Hauses.[18] Doch griechische Beobachter ließen es nicht bei der gewohnten Methode bewenden, in einzelnen fremden Gottheiten ein Glied des griechischen Pantheons wiederzufinden, also z. B. Osiris mit Dionysos zu identifizieren.[19] Herodot bezeugt darüber hinaus, dass man aus der Ähnlichkeit einzelner Kulthandlungen auf den ägyptischen Ursprung griechischer Kulte schloss, also auch hier einen Anschluss suchte und auf die bewunderte ägyptische Priesterschaft als Träger der Tradition von Wissen und Moral vertraute.[20]

Vor diesem Hintergrund der griechisch-orientalischen Kontakte wird der gescheiterte Versuch Raoul Schrotts[21] verständlich, die Person Homers, seine Zeit und Umwelt zu bestimmen. Er hält ihn für den

---

18 Herodot 2,35 Aufzählung der Singularitäten ägyptischer Lebensweise, ähnlich Sophokles (Oed. Col. 327 f.). Herodot betont außerdem, dass die Ägypter niemals fremde Gewohnheiten übernahmen (2,49).

19 Herodot kennt viele Gleichsetzungen ägyptischer mit griechischen Göttern (2,42; 59; 156). Ein frühes Beispiel stand bei Hekataios (FgH 1 F 305). Eine Weihung in griechischer Sprache an den ägyptischen Gott Amun aus dem 6. Jh. v. Chr. lautet: Dem Zeus von Theben (Supplementum Epigraphicum Graecum 27,1106). Umgekehrt sind Weihungen fremder Potentaten in griechischen Heiligtümern, Beiträge zum Bau griechischer Tempel und die Befragung des Orakels von Delphi durch Ausländer gerade in archaischer Zeit mehrfach bezeugt (z. B. Herodot 1,55; 2,182).

20 Herodot 2,48–49; 171 u. a.

21 R. Schrott, Homers Heimat, München 2008. Die Verknüpfung des griechischen Epos mit altorientalischen Überlieferungen ist seit geraumer Zeit Gegenstand der Forschung, vgl. M. L. West, The Eastern Face of Helicon, Oxford 1997. Schon 1976 verwies W. Burkert (Wiener Studien 89 = Kleine Schriften 1, Göttingen 2001) auf das „hunderttorige Theben" als Anhaltspunkt für die Datierung der „Ilias", und ähnliches gilt für die Erwähnung der Kimmerier in der „Odyssee". Der bis an die griechisch besiedelte Westküste Kleinasiens gelangende Einfall dieses Reitervolkes aus dem Osten fällt in das frühe 7. Jh. Wenn man die „Ilias" naiv wie das Werk eines modernen Autors betrachtet, verschließt man sich vor Einsichten in die komplizierte Entstehung der homerischen Gedichte, die in langer Arbeit gewonnen und erhärtet wurden, aber noch keineswegs in jeder Hinsicht als definitiv gelten können. So gibt z. B. Ernst Heitsch mit jüngst publizierten Beabachtungen eine neue Erklärung bekannter Unstimmigkeiten in der Komposition der „Ilias" mit der Beschränkung der eigentlich viel längeren Erzählung auf das letzte Kriegsjahr („Zur Genese unserer Ilias", in: Rheinisches Museum für Philologie 151, 2008, 225–244).

Autor der „Ilias" in ihrer vorliegenden Gestalt, und zwar im Sinn heutiger Vorstellungen von einem Dichter, der zwar aus der Überlieferung Stoffe bezieht, aber frei und selbständig erfindet und gestaltet. Homer sei ein Grieche aus Kilikien im südöstlichen Anatolien gewesen, ein Schreiber im Dienst der Assyrer, unter deren Oberherrschaft dieses Land mit seinen luwisch-aramäischen Stadtherrschaften im 8. und 7. Jh. stand. Die Lokalitäten des Krieges um Troja, wie ihn die „Ilias" erzählt, könne man in Kilikien wiederfinden, ebenso Reflexe von Ereignissen der assyrisch-kilikischen Geschichte jener Zeit.

Diese breit ausgeführte Hypothese hat inzwischen vielfachen und berechtigten Widerspruch erfahren, schon weil Kilikien weder bei Homer noch bei der offenbar massiven Wanderung von Griechen nach Kleinasien am Ende der mykenischen Epoche (s. u. S 18) im Gegensatz zu Westanatolien und auch Cypern eine besondere Rolle spielte.

Sie gehört zu den immer wieder unternommenen Versuchen, möglichst alle Lokalitäten, Personen und Ereignisse, von denen die Dichtung redet, bis in die Details in der Wirklichkeit wiederzufinden, etwa die Schauplätze der Irrfahrten des Odysseus oder Platons Atlantis. Der große alexandrinische Gelehrte Eratosthenes hatte darauf schon eine Antwort bereit: Er wolle gern die vorgeschlagenen Lokalisierungen der Kyklopeninsel und anderer Stätten der Abenteuer des Odysseus glauben, wenn man ihm auch den Handwerker nennen könne, der den Sack herstellte, in dem Aiolos, der Herr der Winde, seinem Gast Odysseus den Fahrtwind für die Heimfahrt mitgab.[22] Sagen sind eben keine wirklich belastbaren geschichtlichen Zeugnisse, selbst wenn sie historische Personen und Ereignisse nennen oder zu Orten gehören, an denen sich historisch gesicherte Ereignisse abgespielt haben. Ein Blick auf das Nibelungenlied und die ihm zugrunde liegenden Überlieferungen mit ihrer Kontamination verschiedener historisch verifizierbarer Ereignisse und Personen, die schon aus chronologischen Gründen nichts miteinander zu tun haben, kann das lehren. Dass sich die griechische Heldensage im bewundernden Blick auf die vergangene Größe der mykenischen Kultur herausgebildet hat und die darin bewahrten Erinnerungen dem griechischen Adel eine Legitimationsgrundlage lieferten, ist wohl unbestritten. Insofern zeugt

---

22 Eratosthenes b. Strabon 1, 2, 15.

die im Epos gestaltete Heldensage mit ihren Erinnerungen in der Tat
von der Vergangenheit bis in die Bronzezeit. Aber wie beschaffen sind
diese Erinnerungen? Hierfür einige Beispiele.

Im mykenischen Griechisch, seit der Entzifferung der sog. Linear-
B-Schrift auf den Tontafeln von Pylos, Knossos, Theben u. a. zugänglich, gab es das Wort Aithiops, das damals und später den Menschen
„mit verbranntem Gesicht", den Dunkelhäutigen, bezeichnete[23]. Der
archäologisch vielfach nachgewiesene Handelsverkehr der Griechen
des 2. Jahrtausends und ihrer kretisch-minoischen Vorgänger, der bis
nach Italien, Anatolien, Syrien und Ägypten reichte, dazu ein wohlbe-
zeugter diplomatischer Verkehr mit den Pharaonen, muss die Kunde
von der Existenz dunkelhäutiger Nubier, vielleicht sogar solche Menschen selbst, nach Griechenland gebracht haben. Ein Fries dunkelhäutiger Männer trat in Knossos zutage und gehört in die Zeit nach der
Übernahme des Palastes durch die mykenischen Griechen.[24]

Nun gibt es Aithiopen auch bei Homer.[25] Sie sind ein Volk im fernen Süden und leben am Aufgang und Untergang der Sonne, genie-
ßen das besondere Wohlwollen der Götter und stellen sich damit an
die Seite anderer tugendhafter Völker am Rand der Erde wie der Abier
und Hyperboreer im hohen Norden. Eine Glosse im Lexikon des Hesych erklärt den in der Dichtung gefundenen Ausdruck αἰθιοπικόν
durch ἀκακία „Lauterkeit".[26] In der „Aithiopis", einem Epos, das die

---

23   J. Chadwick / L. Baumbach, Glotta 41, 1963, 168. Dass Dunkelhäutigkeit dem
      Brand der Sonne zuzuschreiben sei, war eine verbreitete Meinung. Strabon
      (15, 1, 24) bezieht sich auf sie, indem er vier Trimeter aus einer unbekannten
      Tragödie des Rhetors und Dichters Theodektas von Phaselis (4. Jh. v. Chr.) zi-
      tiert, in der Aithiopen vorkamen, die Strabon in diesem Abschnitt behandelt.
      Er fügt an das Zitat den Bericht über eine Kontroverse zwischen Onesikritos
      und Aristobulos, die sich beide über die durch den Alexanderzug bekannt ge-
      wordenen und mit den Aithiopen identifizierten Inder dunkler Hautfarbe äu-
      ßerten. Der eine führte diese Eigenschaft darauf zurück, dass dort die Sonne
      der Erde näher sei, der andere auf den Winkel des Einfalls der Sonnenstrah-
      len. Die Theodektas-Verse (B. Snell, Tragicorum Graecorum fragmenta I
      Nr. 72 F. 17) zog noch Alexander von Humboldt heran (Kosmos Bd. 1, Stutt-
      gart 1845, 380).

24   S. A. Immerwahr, American Journal of Archaeology 1990, 70; 96; 118.

25   Ilias 1, 423; 23, 206; Odyssee 1, 22 f.; 4, 84; 5, 282.

26   Die Glosse im Lexikon des Hesych: αἰθιοπικόν / ἀκακία (A 1867), deren
      literarische Herkunft unbekannt ist, bezieht sich auf diese Vorzugsstellung der

„Ilias" fortsetzt, dessen Inhalt aber offenbar von dieser vorausgesetzt wird, kam Memnon, König der Aithiopen und Sohn der Morgenröte, den Troern zur Hilfe und wurde von Achill getötet.[27] Andromeda, eine aithiopische Königstochter, wurde einem Seeungeheuer ausgesetzt und von Perseus befreit. Diese oft in Literatur und bildender Kunst dargestelle Geschichte gehört zwar nicht zum Sagenkreis um Trojas Zerstörung, ist aber wohl sehr alt. Nichts deutet in diesen Erwähnungen von Aithiopen in der griechischen Sage darauf hin, dass man sie sich dunkelhäutig vorzustellen habe, trotz ihrer ebenfalls erwähnten Herkunft aus dem fernen Süden. Eine Reihe von Bildern auf griechischen Vasen des 6. und 5. Jh. zeigt Andromeda, wie sie von Dienern des Königs festgebunden wird. Zwar trägt sie exotische Kleidung, doch sind ihre Gesichtszüge europäid, während die Diener deutlich negroid dargestellt sind, ganz entsprechend der in dieser Zeit nicht seltenen Wiedergabe schwarzafrikanischer Menschen in der griechischen Kunst.[28] Noch im 2. oder 3. Jh. n. Chr. wundert sich eine Person im Roman des Heliodor darüber, dass auf einem Bild mit einer Szene aus der Andromeda-Sage die Königsfamilie weiß und das Gefolge schwarz dargestellt sind.[29] Demnach hat man sich in der alten Heldendichtung die identifizierbaren Personen trotz ihrer Herkunft aus dem fernen Süden und trotz des sprechenden Namens Aithiopen als hellhäutig vorgestellt. Das kann man wohl nur damit erklären, dass in der Zeit, als die Heldensage im Rahmen einer mündlichen Dichtung Gestalt

---

Aithiopen des Mythos. Später wird die dunkle Hautfarbe gerade zur Farbe der bösen Dämonen und damit zum Zeichen der Bosheit. In einem kaiserzeitlichen Grabgedicht auf einen braven Sklaven aus Antinoe (J. Geffcken, Griechische Epigramme, Heidelberg 1916, Nr. 371) wird gleichfalls dessen schwarze Haut der Glut der Sonne in seiner Heimat zugeschrieben, aber seine im Gegensatz dazu weiße Seele gerühmt.

27 Über Motive aus der „Aithiopis" als Modelle bestimmter Passagen in der „Ilias" ausführlich W. Kullmann, Die Quellen der Ilias (Hermes Einzelschriften 14, 1960), 30 ff. Dabei handelt es sich um – vielleicht – mündlich überlieferte Gedichte, die vom Kampf zwischen Memnon und Achill handelten. Die schriftlichen Epen des troischen Sagenkreises, die man in der Antike las und die wir aus kaiserzeitlichen Referaten sowie einigen Fragmenten kennen, waren ausnahmslos jünger als die schriftlich vorliegende „Ilias".

28 Ein Exemplar dieser Andromeda-Serie aus der Zeit um 500 v. Chr. befindet sich im Museum of Fine Arts, Boston.

29 Heliodor, Aethiopika 4, 8.

annahm, die Kenntnis dunkelhäutiger Menschen verlorengegangen war – wie vermutlich auch andere Informationen, die zur mykenischen Kultur gehörten. Jedenfalls blieben die aithiopischen Heroen und Heroinen hellhäutig, auch als es in der Kolonialzeit seit dem 8. oder 7. Jh. v. Chr. wieder dunkelhäutige Menschen im Gesichtskreis der Griechen gab und diese auch Darstellungen in der bildenden Kunst fanden. Ein unter Hesiods Namen überliefertes Fragment späterer Epik unterscheidet Schwarze und Aithiopen.[30] Die Darstellung von Nubiern oder anderen Menschen dunkler Hautfarbe konnte wie andere Motive der Kleinkunst an phoinikische Vorbilder anknüpfen,[31] führte aber nicht zur Schwärzung der Helden der Sage, deren Charakter und Erscheinung längst feste Züge angenommen hatten.

Diese Geschichte des Aithiopennamens liefert ein Indiz für den geschichtlichen Umbruch am Ausgang des 2. Jt. v. Chr. Die Einwanderung neuer Völker seit etwa 1200 v. Chr. setzte der hohen Kultur, die in den Burgen von Mykene, Tiryns, Pylos u. a. ihre Zentren hatte, ebenso dem Hethiterreich, das große Teile Anatoliens und Syriens umfasste, ein Ende und zwang Ägypten zu einem erbitterten Abwehrkampf.[32] Griechenland erlebte in dieser Periode große Bevölkerungsverschiebungen. Neue Gruppen ließen sich dort nieder, ein Teil der Vorbewohner wanderte aus, vornehmlich in die alten Zielgebiete des mykenischen Handels im Westen Kleinasiens. Der ausgedehnte Seehandel kam zum Erliegen. Die Phoiniker traten das Erbe an und waren in den folgenden Jahrhunderten das führende See- und Handelsvolk. Karthago und andere Handelsplätze im westlichen Mittelmeergebiet wurden damals von ihnen gegründet. Die mykenische Schrift, die der entwickelten Bürokratie der alten Herrschaftszentren in der griechischen Welt gedient hatte, geriet in Vergessenheit. Nur im fer-

---

30 Hesiod, Fr. 150 Merkelbach/West [R. Merkelbach / M. L. West (eds.), Fragmenta Hesiodea, Oxford 1967]. Vgl. Mimnermos Fr. 12 West [M. L. West (ed.), Iambi et Elegi Graeci, 2 Bd., Oxford 1971, 2. Aufl. 1989–1992].

31 Eine phoinikische Elfenbeinschnitzerei im Britischen Museum, die einen von einer Löwin geschlagenen Schwarzen darstellt, ist abgebildet bei L. Woolley, Mesopotamien und Vorderasien – Die Kunst des Mittleren Ostens, Baden-Baden 1962, 115.

32 Zu den Wanderungen am Ende des 2. Jt. und den sog. Dunklen Jahrhunderten der griechischen Geschichte A. M. Snodgrass, The Dark Ages, Edinburgh 1971, und R. Osborne, Greece in the Making, London 1996.

nen Cypern erhielt sich noch lange ein Abkömmlig dieser Schrift. Das
Griechenland der Zeit vor und nach 1000 v. Chr. vermittelt der ar-
chäologischen Forschung das Bild eines Agrarlandes ohne beachtliche,
auf Warenimport und -export gestützte Außenbeziehungen. Die ma-
terielle Kultur war bescheiden und der Schriftgebrauch unbekannt. Es
scheint damals in viele kleine, voneinander unabhängige Kantone
zerfallen zu sein, was sich noch lange in seiner späteren politischen
Gliederung sowie in der Vielzahl seiner Dialekte spiegelte.

Während dieser sog. Dunklen Jahrhunderte, die bis zum Wieder-
erstarken maritimer und kommerzieller Tätigkeit im 8. Jh. reichten,
nahm die griechische Heldensage Gestalt an. Das geschah im bewundernden Rückblick auf den Glanz der mykenischen Epoche, an die
gerade der Adel um seiner Legitimation und seines Prestiges willen
anzuknüpfen suchte, und im Medium einer mündlichen Dichtung, die
es vielleicht schon in mykenischer Zeit gegeben hatte, die aber gerade
in schriftloser Umgebung eine ungemein kunstvolle und ausdrucksfä-
hige Verskunst hervorbrachte (s. u. S. 20). In der darin beschworenen
Heroenwelt gab es keine dunkelhäutigen Menschen, weil die Griechen
in der Isolation sie auch aus ihrer eigenen nicht kannten, wohl aber
Wundervölker irgendwo am Rand der Welt, zu denen eben auch die
Aithiopen zählten. Sie erhielten ihre dunkle Hautfarbe, der sie ihren
Namen verdankten, erst wieder, als erneut Nubier oder Sudanesen in
den Gesichtskreis der Griechen getreten waren, doch bezog man das
nicht auf die Helden, die eigentlichen Akteure im mythischen Gesche-
hen. Diese nämlich waren in der Dichtung längst zu klar bestimmba-
ren Individuen geworden und galten als Vorfahren der Adelsfamilien,
die man aus Respekt vor der Tradition nicht schwarz färben konnte
oder wollte. So wirkte sich die neue Kenntnisnahme dunkelhäutiger
Menschen nur auf das nach epischer Manier aus namenlosen Einzelnen bestehende Gefolge aus. Diese Verteilung ist, wie erwähnt, vom
6. Jh. v. Chr. bis zum 3. Jh. n. Chr. archäologisch und literarisch bezeugt.

Welche Reminiszenzen an die bronzezeitliche Kultur, an deren
Glanz die gewaltigen Bauten erinnerten und den die Dichtung rüh-
men wollte, enthalten aber die homerischen Epen tatsächlich? In der
Welt der Epen ist alles gewaltiger und die Heroen größer und stärker
als die Menschen „wie sie heute sind". Diese Meinung teilt der homerische Dichter mit anderen mythischen Traditionen. Das aber stellt

den Versuch, Anspielungen auf verifizierbare Details des historischen Hintergundes der Sage zu finden, vor oft kaum zu überwindende Schwierigkeiten.[33]

Mündliche Dichtung, wie sie den erhaltenen homerischen Epen vorausging, kennt keinen definitiv fixierten Text. Schon aus mnemotechnischen Gründen bildet daher der Dichter oder Sänger für den stets neuen Vortrag derselben Geschichten seine Verse weniger aus Einzelwörtern als aus längeren oder kürzeren Formeln. Mit diesen im Gedächtnis kann er dieselbe Begebenheit immer wieder neu gestalten. Die Formeln sind dem Versmaß angepasst und umfassen dementsprechend Versteile verschiedener Länge oder auch ganze Verse. Da gerade epische Langverse wie der Hexameter eine innere Gliederung verlangen, weil sie sonst „klappern" würden, gliedert man sie durch Cäsuren. Das sind wiederkehrende, syntaktisch gerechtfertigte Einschnitte, die einzeln oder in veschiedenen Kombinationen den Vers gliedern. Die Formeln ihrerseits sind meist der Silben- oder Wortfolge zwischen den Cäsuren angepasst, so dass der Vortragende zugleich lexikalisch-inhaltliche und rhythmische Formelemente im Gedächtnis bereithält. Die Gesetzmäßigkeiten mündlicher Dichtung lassen sich noch auf weite Strecken der homerischen und hesiodischen Epen erkennen.[34] Noch frühe Versinschriften setzen Interpunktionen seltener an die Versenden als an die Cäsurstellen und bezeugen damit die Nachwirkung der mündlichen Dichtung.[35] Diese jahrhundertelang geübte poetische Technik begünstigt die Erhaltung altertümlicher, oft auch unverständlich gewordener Wörter und Wendungen im Rahmen der tradierten Formeln, aber auch ganzer Szenen, wie man sie etwa in homerischen Kampfszenen oder Mahlbeschreibungen findet. Schon die antiken Gelehrten haben an unverstanden gewordenen, in der Formelsprache erhaltenen Ausdrücken herumgerätselt. Unverständliches konnte auch durch verkehrte Abtrennung oder Zuordnung der Wörter in einer Formel entstehen, sei es als Hörfehler oder bei der

---

33   J. Grethlein, Journal of Hellenic Studies 128, 2008, 27–51.

34   A. Parry (ed.), The Making of Homeric Verses – The Collected Papers of Milman Parry, Oxford 1971; J. B. Hainsworth, The Idea of Epic, Berkeley 1991, 11–46 mit Literaturangaben.

35   A. Dihle, Rheinisches Museum für Philologie 151, 2008, 26–36.

Übertragung in die Schriftfom.[36] Manchmal ist dem starren Formelgebrauch aber auch ein Stück echter Information aus mykenischer
Zeit zu danken. Ein Beispiel hierfür ist die Beschreibung eines Helms
aus jener Vorzeit, der auch archäologisch fassbar ist.[37] Auch die obli-
gatorischen Epitheta, die der Dichter Menschen und Gegenständen
hinzufügt, verraten manchmal ihre Herkunft aus dem mykenischen
Milieu. So tragen nur die Belagerer Trojas das Epitheton „mit den
guten Beinschienen". In der Tat kennen im 2. Jt. v. Chr. nur die mykenischen Griechen diesen Teil der Waffenrüstung. Ferner kennen die
Helden kein Eisen und ihre Rüstung besteht aus Bronze. Einige unter
ihnen benutzen einen Schild, der in nachmykenischer Zeit unbekannt
war. Schließlich kommen die Kontingente der Griechen, die gegen
Troja ziehen, und ihre wichtigsten Führer aus den archäologisch verifizierbaren Zentren bronzezeitlicher Kultur.[38] Aber insgesamt ist die
Zahl eindeutiger Hinweise auf Mykenisches sehr begrenzt, genügt
jedoch zu der Feststellung, dass die Formelhaftigkeit der Sprache
mündlicher Dichtung nicht nur sprachliche, sondern auch sachliche
Details durch die schriftlosen Dunklen Jahrhunderte hindurch dem
Gedächtnis erhalten konnte.

Weitaus die meisten Realien aber, die bei Homer vorkommen, gehören in die Dunklen Jahrhunderte. Der Leser wird in eine schriftlose
Gesellschaft versetzt, mit vielen „Königen", die βασιλεῖς heißen, ein
Titel, den im Mykenischen höhere Beamte oder Funktionäre trugen,
während der König oder Herr der Burg ϝάναξ hieß. Die Menschen
verbrennen ihre Toten, während in der Bronzezeit ein Begräbnis der

---

36 M. Leumann, Homerische Wörter, Basel 1950. Bei den unverständlich gewor-
    denen, aber in der Formelsprache weiterverwendeten Wörtern kann es sich
    einmal um alte, obsolet gewordene Ausdrücke handeln. Ihre Entstehung kann
    aber auch auf verkehrte Silbentrennung oder in anderen Fällen auf die fälsch-
    lich angenommene Beziehung eines Attributes zurückgeführt werden. Dabei
    lässt sich nicht immer entscheiden, ob der Fehler der mündlichen oder der
    schriftlichen Überlieferungsphase zuzuordnen ist. Freilich mögen auch un-
    verständlich gewordene Ausdrücke recht wohl zur Abgehobenheit der epi-
    schen Diktion beigetragen und so als Stilmittel gewirkt haben. Dazu A. Dihle,
    Glotta 48, 1970, 1–8.
37 Die mykenischen Spuren im Homertext zusammengestellt bei D. L. Page,
    History and the Homeric Iliad, Berkeley 1963, 218–296.
38 Page, loc. cit. (Anm. 37), 118–175.

Leiche üblich war. In Kreta sitzen Dorier, die es dort vor der großen
Wanderbewegung am Ende der Bronzezeit schwerlich gab. Die Phoiniker gelten als die typischen Seefahrer und Piraten, die Luxuswaren
aus der Ferne bringen.[39] Natürlich müssen auch die Griechen zur See
fahren, wenn sie Troja belagern wollen. Aber nur bis zum südlichen
Teil des Ägeischen Meeres segelt Odysseus auf seiner langwierigen
Heimfahrt in verifizierbaren Gewässern, von dort an in der Wunder-
welt der Kyklopen, Sirenen oder Phäaken. Zu einer solchen Wunder-
welt gehört auch das Ägypten, in das Menelaos auf seiner Heimfahrt
gerät.[40] Besonders viele Realien aus der Lebenswelt der Hörer, darunter auch das Eisen, enthalten die zahlreichen Gleichnisse, mit denen
der Dichter eine Situation in der Erzählung, vornehmlich ihren Stim-
mungsgehalt, veranschaulicht und die bisweilen an Drastik nichts zu
wünschen übrig lassen und insofern ein realistisches Element in den
hohen epischen Stil bringen. Dieser Stil hob sich durch seinen Kunst-
dialekt, den traditionsgebundenen Formelgebrauch und das Versmaß
von der Sprechweise in den verschiedenen Dialektgebieten ab und
begründete die lange Tradition eigener Kunstdialekte für alle Gattungen griechischer Poesie. Aus alledem mag man versuchen, sich eine
Vorstellung von den Bedingungen zu machen, unter denen Details aus
weit zurückliegenden Zeiten in Erinnerung bleiben konnten.

Ein Beispiel für die unausweichliche Verformung einer Erinnerung an Vergangenes liefern die Stellen der homerischen Epen, an
denen vom Gebrauch des zweirädrigen Streitwagens die Rede ist. Im
2. Jt. v. Chr. waren die Streitwagengeschwader der hethitischen, ägyptischen und assyrischen Armeen eine ebenso gefürchtete wie prestige-
trächtige Waffengattung. Im Alten Testament dient der Streitwagen
geradezu als Sinnbild militärischer Macht, wie es der 20., der 68.
Psalm und andere Texte ausdrücken. Das entspricht den triumphalen
Darstellungen auf ägyptischen oder assyrischen Reliefs und Inschrif-

---

39 Phoiniker, auch Sidonier genannt, Ilias 6,299; 23,744; Odyssee 4,84;618;
    13,272–286; 14,288–298; 15,118;415;487. Die höhere Frequenz der Erwäh-
    nungen in der „Odyssee" entspricht deren größerer Nähe zu den Verhältnis-
    sen der Dunklen Jahrhunderte.

40 Ägypten als Station der Heimkehr des Menelaos Odyssee 3,168–179;276–312;
    4,81–91.

ten.[41] Der Wagenkampf bedurfte einer sorgfältigen Ausbildung der Pferde und Lenker[42] sowie der Kämpfer, die von der Höhe des Wagenkastens aus sich mit Bogen oder Lanze betätigten. Vor allem die Attacke in geschlossener Formation konnte beim Angegriffenen Furcht und Schrecken verbreiten. Auch die Mykener kannten den Streitwagen, obwohl sich das Terrain in Griechenland nicht überall für diese Form des Kampfes eignete. Ein sehr altertümliches Wort im homerischen Vokabular ist vielleicht ein terminus technicus dieser Taktik.[43]

Merkwürdig ist nun, dass Homer seine Helden normalerweise einzeln auf dem Wagen zum und vom Kampfplatz fahren, für den Kampf aber mit wenigen Ausnahmen absteigen und zu Fuß kämpfen lässt, nur gelegentlich vom Wagen aus wie im 5. Buch der „Ilias" oder auch zu Fuß gegen einen Feind, der noch auf dem Wagen steht. Normalerweise aber kämpft der homerische Held eben zu Fuß und gebraucht den Wagen nur als Transportmittel.[44] Eine große Bedeutung aber hat der Wagen als Sportgerät. Bei Homer wird im 23. Buch ein Wagenrennen anlässlich der Leichenspiele für Patroklos in einer veritablen Sportreportage beschrieben.[45] Bis in die Spätantike erfreute sich das Wagenrennen unter verschiedensten sozialen Bedingungen hoher Beliebtheit. Gewiss entstand dieser Sport mit dem Aufkommen des Streitwagens im 2. Jt. v. Chr., denn die Rennwagen behielten stets die

---

41 J. B. Pritchard (ed.), Ancient Near Easterm Texts Relating to the Old Testament, Princeton 1969, 255 ff. ägyptische Streitwagentruppen des 13. Jh. v. Chr., 287 assyrische des 7. Jh. v. Chr.

42 Der hethitische, von einem Autor aus dem Reich Mitanni verfasste Pferdetext besprochen bei J. Wiesner, Fahren und Reiten (Archaeologia Homerica 1), Göttingen 1968, 85 und Anm. 285 mit Literaturangaben.

43 A. Dihle, Glotta 63, 1985, 7–14.

44 Gelegentlich kämpfen Helden in der „Ilias" vom Wagen aus (5, 159). So Pandaros im Kampf gegen Diomedes, der ihn erschlägt (5, 269–296), während ihm der weit größere Held Aineias zum Zweikampf zu Fuß entgegentritt (297 ff.). In der „Odyssee" heißt es, dass die Kikonen verstünden, „vom Wagen aus" zu kämpfen oder zu Fuß (9, 49 f.).

45 Ilias 23, 271 ff. enthält eine veritable Sportreportage, einschließlich des nachträglichen Streites um die Ergebnis. Darstellungen des Rennwagens gibt es in der griechischen Kunst seit archaischer Zeit in großer Zahl, regelmäßig nur mit einem Lenker, was eine Deutung als Streitwagen auch der ältesten Beispiele ausschließt; s. etwa Homann-Wedeking, loc. cit. (Anm. 11), 21.

Form des zweirädrigen Streitwagens, mochte dieser auch aus dem Waffenarsenal verschwunden sein und es in der Bespannung Variationen geben.

Am Ende des 2. Jt. v. Chr. erscheint in den orientalischen Armeen die Kavallerie, wohl als Antwort auf die Invasion von Reiternomaden aus dem südrussisch-zentralasiatischen Raum, aber ohne den Streitwagen zu verdrängen. Assyrische Reliefs und urartäische Bronzearbeiten zeigen beide Waffengattungen nebeneinander,[46] und noch Xenophon berichtete von sichelbewehrten Streitwagen der persischen Armee. Aus der griechischen Welt gibt es aus archaisch-klassischer Zeit für den Streitwagen nur Zeugnisse in Cypern, wo sich orientalischer Einfluss am deutlichsten geltend machte, während die Kavallerie allenthalben nachweisbar ist. Was aber Homer angeht, so wird nur einmal in der Erzählung „Ilias" ein Pferd bestiegen, als nämlich Diomedes die in der Nacht geraubten Pferde des Thrakerkönigs, eines Verbündeten der Troer, in das Griechenlager bringen will. Das steht am Ende des 10. Buches, der Dolonie, die schon früh der Unechtheit verdächtigt wurde und ganz singuläre Züge trägt. Der dabei verwendete Ausdruck „er bestieg die Pferde" – im Plural –, der sich hier auf das Aufsitzen beziehen muss, weil die beiden Pferde nur mit Halfterstricken aneinander gebunden, aber nicht vor einen Wagen gespannt wurden, bedeutet sonst immer im Epos das Besteigen des Wagens.[47] „Die (beiden) Pferde" ist im epischen Dialekt ein Synonym für „Wagen und Pferde". Eigentliches Reiten kommt bei Homer jedoch in Gleichnissen vor, war also den Dichtern der letzten Phase mündlicher und der ersten schriftlicher Überlieferung durchaus bekannt. Der auf einem Balken sitzende schiffbrüchige Odysseus etwa wird mit einem Reiter verglichen und der hin- und herspringende Aias im Kampf um die Schiffe gar mit einem Kunstreiter. Selbst die später für den Jockey und sein Pferd üblichen Wörter begegnen schon im homerischen Vokabular. Dazu stimmt, dass in der spätmykenischen und geometrischen Kleinkunst viele Reiterdarstellungen vorkommen, einige sogar

---

46   Woolley, loc. cit. (Anm. 31), 169; 185.

47   Ilias 10, 498 f.; 500.

mit Waffen.[48] Zur heroischen Welt gehören der Kampf zu Fuß und der Gebrauch des Streitwagens, was offenbar den Verhältnissen im bronzezeitlichen Hellas entspricht. Aber was die Verwendung des Streitwagens betrifft, so ist Homers Schilderung alles andere als zutreffend. Die Verhältnisse in den orientalischen Reichen, von denen man seit dem 8. Jh. zweifellos mehr als in den Dunklen Jahrhunderten wusste, wurden nicht herangezogen, um das zu korrigieren oder auf den neuesten Stand zu bringen. Die heroische Welt, wie sie die mündliche Dichtung in Jahrhunderten geformt hatte, blieb resistent gegenüber wesentlichen Veränderungen, obwohl auch Homer so wenig wie der Dichter des Nibelungenliedes in jeder Einzelheit Erfahrungen und Auffassungen in seiner Umwelt aus dem Bericht über die aus seiner Sicht ungleich großartigere und erhabenere Vergangenheit heraushalten konnte.

Gewisse Unterschiede bestehen freilich im Hinblick auf das Vorkommen von Realien aus der Zeit der Dichter und Sänger, wobei man gerade diesen in der langen Phase mündlicher Überlieferung durchaus Veränderungen und Ergänzungen zutrauen kann. In der „Ilias" begegnen solche Details ganz überwiegend, wie schon erwähnt, in den Gleichnissen. Die „Odyssee" dagegen, liefert in einer weit weniger heroischen Atmosphäre neben ihren vielen märchenhaften Zügen zahlreiche Details aus der Lebenswelt des nachmykenischen Zeitalters und der beginnenden Kolonialzeit, darunter eben auch Hinweise auf die Verbindung der Griechen zum Orient. Dass Hesiod und die „Odyssee" in dem der „Ilias" offenbar noch fremden Gedanken übereinstimmen, es gebe eine von den Göttern garantierte Rechtsordnung unter den Menschen, wurde schon erwähnt (oben S. 8).

Das bringt uns zu der eingangs gestellten Frage zurück (oben S. 10): Gehören substantielle Entlehnungen wie der Mythos von den drei Götterdynastien bei Hesiod in die beginnende Kolonialzeit seit dem 8. Jh., oder sind sie viel früher anzusetzen, nämlich in die Zeit der mykenischen Burgen? Für beide Perioden sind Beziehungen zwischen Hellas und dem Orient bezeugt, weniger dagegen für die dazwischen liegende Epoche, als die griechische Heldensage im Medium einer

---

48 Odyssee 5,371; Ilias 15,674. Das Rennpferd heißt κέλης, das Reiten κελητίζειν. Große Auswahl an frühgriechischen Reiterdarstellungen bei J. Wiesner, loc. cit. (Anm. 42), 115–120.

mündlichen Dichtungstradition ihre auf lange Zeit verbindliche Gestalt annahm. Durch ihre genealogische Verknüpfung sowohl mit Adelsfamilien als auch mit den Göttern als lokalen Kultempfängern leistete sie den vielleicht wichtigsten Beitrag zum Bewusstsein von der Gemeinsamkeit der Griechen trotz ihrer lokalen, sprachlichen und dann auch politischen Zersplitterung. Nichts spricht dagegen, dass Anregungen aus dem Orient im Zusammenhang der kommerziellen und kolonialen Expansion der griechischen Welt im 8. oder 7. Jh., der Zeit ihrer Verschriftlichung, in die epische Tradition Eingang fanden. In derselben Zeit drang auch die ganze Fülle der orientalischen Bilderwelt in das griechische Handwerk ein und bereicherte für Jahrhunderte die Kunst der Hellenen. Auch das geographische Interesse, etwa die Beschreibung der Ziegeninsel aus der Perspektive einer Gruppe von Kolonisten vor der Erzählung des Kyklopenabenteuers in der „Odyssee", deutet in diese Richtung. Walter Burkert vor allem hat auf diesen Zusammenhang hingewiesen.[49] Doch gibt es gewichtige Gründe, solches Eindringen auch in früherer Zeit anzusetzen. Einmal deuten die wenigen eindeutig nachweisbaren Spuren mykenischer Zeit auf den sehr frühen Beginn der epischen Tradition, denn diese Informationen konnten sich nur durch ihre Konservierung in der epischen Formelsprache erhalten (s. o. S. 20 f.). Daraus hat man auf die Ansätze zu einer episch-poetischen Tradition nicht nur im Mykenischen, sondern sogar im voreinzelsprachlichen Indogermanischen geschlossen. Von dem Linguisten Calvert Watkins gibt es einen interessanten Aufsatz mit dem schönen Titel „Wie tötet man einen Drachen auf Indoeuropäisch".[50] Unter der Voraussetzung eines Beginns der mündlichen Epik vor den Dunklen Jahrhunderten liegt es nahe, auch orientalische Elemente, die sie enthält, einer Übernahme in sehr früher Zeit zuzuschreiben. Ein anderes Indiz, Orientalisches in der griechischen Epik jedenfalls teilweise als zu mykenischen Zeiten entlehnt anzusehen, also mit den intensiven Handelsverbindungen jener Epoche in Verbindung zu bringen, lässt sich aus der Geschichte des griechischen Wortschatzes gewinnen. Dieser enthält eine nicht unbe-

---

49 Burkert, loc. cit. (Anm. 3), 38; 53.
50 C. Watkins, Studies in memory of Warren Cowgill, Untersuchungen zur indogermanischen Sprach- und Kulturwissenschaft NF 3, 1987, 270–299; vgl. M. L. West, Glotta 51, 1973, 171–187.

trächtliche Anzahl ägyptischer, semitischer, kleinasiatischer und auch hinsichtlich ihrer Herkunft unerkärter Fremdwörter, von denen viele in der Sprache Homers vorkommen. Darunter befinden sich neben den Bezeichnungen importierter Luxusgüter auch Allerweltswörter wie ἐλαία (Ölbaum), τάλαντα (Waage) oder χιτών, die Bezeichnung des meistgetragenen Kleidungsstückes. Unsere Kenntnis des mykenischen Vokabulars (s. o. Anm. 36) ist begrenzt, stammt es doch nur aus den Eintragungen lakonischer Notizen auf den Tontäfelchen der Archive in den Verwaltungszentren von Knossos, Pylos u. a. Doch begegnen einige dieser Fremdwörter wie die beiden genannten χιτών und ἐλαία auch dort. Das lässt vermuten, dass neben Wörtern und Gegenständen auch Vorstellungen und Konzeptionen aus dem Orient sehr früh, vor den Jahrhunderten seiner relativ isolierten Existenz, nach Hellas gelangten. Andererseits lässt sich manches, was gerade in den homerischen Gleichnissen und besonders in der „Odyssee" begegnet, am ehesten der frühen Kolonialzeit zuordnen (s. o. S. 25).

Wie eingangs gesagt, waren die Griechen während der ganzen archaischen und frühklassischen Epoche ihrer Geschichte, eifrige, unvoreingenommene Schüler ihrer näheren und entfernteren Nachbarn im Osten und Süden. Nie haben sie dieses Schülerverhältnis geleugnet, gerade in den regsamsten Regionen ihrer in zahllose kleine Gemeinwesen aufgeteilten Welt. Dazu gehörten neben Athen die größeren Gemeinden wie Sparta, Korinth und Argos, vor allem aber Milet und andere Griechenstädte an der Westküste Kleinasiens sowie einige der vorgelagerten Inseln. In einem aber fühlten sich die Griechen schon früh der Barbarenwelt überlegen. „Die kleine, wohlgeordnete Polis auf kargem Fels ist stärker als das törichte Ninive" dichtete der Milesier Phokylides unter dem Eindruck des Sturzes des lange als unbesiegbar geltenden Assyrerreiches gegen Ende des 7. Jh. Hundert Jahre später lehrte Heraklit von Ephesos, damals unter persischer Herrschaft, aber mit intakter Selbstverwaltung in dem nur locker regierten Großreich: „Bürger sollen für ihre Gesetze erbitterter kämpfen als um ihre Stadtmauer."[51] In der Deutung des glanzvollen Sieges einer kleinen Anzahl

---

51 Phokylides Fr. 4 Diehl [E. Diehl (ed.), Anthologia Lyrica Graeca fasc. 1–3, 3. Aufl., Leipzig 1950ff.]; Heraklit B 44 Diels-Kranz [H. Diels / W. Kranz (eds.), Die Fragmente der Vorsokratiker I–III, 7. Aufl., Berlin 1954].

griechischer Staaten über Heer und Flotte des persischen Vielvölker-
reiches am Anfang des 5. Jh. gewannen diese Gedanken besondere
Aktualtät. Die freien, nur dem gemeinsamen Gesetz unterworfenen
Glieder eines Gemeinwesens sind, wenn vielleicht nicht als Einzel-
kämpfer, in der geordneten Formation den Kriegern überlegen, die
den Befehlen oder Launen eines Herrschers unterworfen sind und für
diesen, nicht im eigenen Interesse streiten. So argumentiert bei dem
Historiker Herodot, der gern aktuelle Probleme von griechischen oder
nichtgriechischen Gesprächspartnern der Vergangenheit diskutieren
ließ, der exilierte Spartanerkönig Demaratos im Gespräch mit dem
persischen Großkönig am Vorabend der Schlacht an den Thermopylen, in einer Situation also, in der Xerxes keinen Widerstand von dem
kleinen griechischen Kontingent erwartet.[52] Die Überlegenheit der
Polis gegenüber der Monarchie orientalischen Typs ist auch Thema in
der Tragödie und der medizinisch-geographischen Literatur jener
Zeit.[53]

In der Tat vollzog sich der Aufstieg Griechenlands, vor allem
Athens, in erstaunlicher Schnelligkeit während des 5. Jh. auf der
Grundlage der Polis, des überschaubaren Gemeinwesens freier Bürger
mit fester gesetzlicher Ordnung und weitgehender Partizipation aller
Freien am politischen Leben. Gesetze wurden hier nicht einfach als
Werkzeuge gewaltloser Konfliktlösungen im sozialen Leben betrach-
tet, sondern als wichtigstes Mittel zur Erziehung der Bürger. Platon
bestreitet im „Gorgias" so berühmten Personen wie Themistokles und
Perikles die Qualifikation als Staatsmann, weil ihre Gesetze die Athener nicht besser gemacht hätten.

---

52 So lässt Herodot (7, 101–104) am Vorabend der Schlacht an den Thermopylen
    den exilierten Spartanerkönig Demaratos im Dialog mit dem persischen
    Großkönig argumentieren. Fiktive Gespräche, auch in exotischem Milieu,
    verwendet Herodot gelegentlich zur Darlegung zeitgenössischer Ideen, z. B.
    die Diskussion um die künftige Staatsordnung des Perserreiches unter den
    drei persischen Großen, die den Usurpator, den falschen Smerdis, beseitigt
    haben (3, 80–82). Das ist der früheste Beleg für die Lehre von den drei Verfas-
    sungsformen, die vermutlich in der Sophistik entstand.
53 Reflexionen auf freiheitlich-partizipatorischer Staatsordnung begegen im
    5. Jh. v. Chr. wiederholt, etwa Herodot 5, 78, Hippocrates, De aeribus aquis
    locis 16–25, und in der Tragödie wie in Aischylos' Hiketiden (608–624).

Die unvergleichliche Blüte der klassischen Kultur kam auch nicht
an ihr Ende, als im Laufe des 4. Jh. das politische und militärische
Potential der untereinander oft zerstrittenen griechischen Kleinstaaten
den Monarchien Persiens und Makedoniens sich als nicht mehr ge-
wachsen erwies. Inzwischen waren die Griechen jedoch nicht nur in
bildender Kunst und Literatur, sondern auch in technischer, militär-
technischer, administrativer und ökonomischer Hinsicht zu Lehrmeistern ihrer östlichen Nachbarn und darüber hinaus auch für die Bewohner Italiens geworden. Kerntruppen des persischen Großkönigs
bildeten griechische Söldner, und makedonische, cyprische, karische
und phoinikische Potentaten, ob unabhängig oder als Vasallen des
Perserkönigs, modernisierten ihre Territorien nach griechischem
Muster und engagierten griechische Künstler, Experten und Literaten.
Das offensichtliche Missverhältnis zwischen politischer Schwäche und
kultureller Leistung bewirkte bei den Griechen jetzt deutliche Ressen-
timents gegenüber der Barbarenwelt. Das zeigt sich in Äußerungen bei
Platon und Aristoteles, der meinte, die Barbaren seien von Natur aus
zur Sklaverei bestimmt. Ein Schüler Platons äußerte das erste Mal die
später oft wiederholte Meinung, dass die Barbaren zwar vieles erfun-
den, aber erst die Griechen es zu Vollendung gebracht hätten.[54] Aber
damals begegnet bei Isokrates, dem führenden Publizisten jener Tage,
auch zum ersten Mal ein Gedanke, der seine Wirkung in hellenistisch-
römischer Zeit erweisen sollte: Grieche ist, wer an griechischer Bildung Anteil hat, und ein guter Regent vermag durch Erziehung aus
Barbaren Griechen zu machen.[55]

Als der große Alexander dann, gestützt auf seine Makedonen und
das Potential des von seinem Vater mit harter Hand geeinten Griechenland, in zwei Jahrzehnten das Perserreich eroberte, öffnete er
diese große Ländermasse dem ungehinderten Einströmen griechischer
Menschen, Ideen und Unternehmungen. Dass sich die damit bewirkte
Hellenisierung dann, wenn auch nicht überall und in unterschiedli-
chem Maß, in überraschender Geschwindigkeit durchsetzte, hat gewiss mit den eben geschilderten Verhältnissen in den Jahrzehnten vor
dem 334 v. Chr. beginnenden Alexanderzug zu tun.

---

54   Pseudo-Platon, Epinomis 987 D/E.
55   Isokrates, Orationes 4, 50; 9, 66.

Alexander und seine Nachfolger in den bald nach seinem Tod
entstandenen Teilreichen gerierten sich durchweg als legitime Nachfolger der früheren Dynastien und suchten insofern Anschluss an
regionale Traditionen. Aber griechische Sprache und Bildung,
Lebensweise und Technik, Kriegskunst und Verwaltung dominierten
bei aller auch praktisch vorteilhafter Anknüpfung an einheimische
Usancen in einem Ausmaß, dass sie eine stete Anziehung auf die einheimische Bevölkerung, insbesondere ihre Oberschicht ausübten. Der
griechische Lebensstil fand seine Pflege in den zahllosen Städten, die
schon Alexander und dann seine Nachfolger gründeten und mit Vete-
ranen ihrer Armeen und Einwanderern besiedelten. Nur die Ptolemä-
er bezogen zwar als Residenz das zur glanzvollsten Metropole aufstei-
gende Alexandrien im Nildelta, hielten sich aber sonst mit Städtegründungen zurück, weil sie wie ihre persischen Vorgänger aus gutem
Grund die zentralistische Tradition Ägyptens und so seine überragen-
de ökonomische Kraft ganz der Krone erhalten wollten. Die Städte,
aus denen die Herrscher ihre Armeen und ihr Verwaltungspersonal
rekrutierten, waren nämlich nach dem Muster griechischer Poleis
gegründet, verfügten nicht nur über öffentlich unterhaltene Annehm-
lichkeiten wie Bäder, Bibliotheken, Sport- und Bildungseinrichtungen,
sondern auch über innere Autonomie mit Gesetzgebung und Wahlbe-
amten, nicht zuletzt aber über eigene Götter und einen besonderen
Festkalender. Die Herrschaft des Königs über das ganze „durch den
Speer erworbene" Territorium, seine außenpolitische und militärische
Souveränität war unbestritten, aber das Verhältnis zwischen Monarchen und Griechenstädten blieb delikat, weil diese mit ihrer traditionellen Ausstattung auch die Ideologie der freien Polis auf ihren Weg
mitbekommen hatten. Darum erhielt z. B. die Herrschaft des Königs
über eine Stadt gelegentlich die Form eines Bündnisses, dessen Partner
durch Gesandtschaften miteinander verkehrten wie auch die Städte
untereinander. König und Städte aber waren aus nahe liegenden
Gründen aufeinander angewiesen: Die Städte bedurften des militäri-
schen Schutzes, der Monarch stützte sich auf ihre privilegierten Einwohner, aus deren Mitte seine Soldaten und Beamten kamen, und auf
ihr ökonomisches Potential, insbesondere auf das Steueraufkommen,
denn auch die wirtschaftliche Aktivität konzentrierte sich in den Städ-

ten.[56] Aber die Fortdauer alten Bürgersinnes zeigte sich im Sprachgebrauch. Wie im alten Griechenland, wo es weiterhin einige politisch selbständige Poleis gab, bestimmte das Bürgerrecht in einer Stadt die soziale Identität des Einzelnen in der ganzen griechisch beherrschten Welt, nicht der Wohnsitz in einem Königreich. Die von Polis hergeleiteten Wörter, damals wie heute das Kernstück des politischen Vokabulars, bezogen sich stets auf Verhältnisse in der Stadtgemeinde, denn der Dienst in Armee oder Verwaltung des Monarchen galt nicht als „politisch", sondern beruhte auf persönlicher Loyalität. Im ptolemäischen Ägypten, wo es außer Alexandrien anfangs nur noch eine weitere Polis gab, hieß die griechische Bevölkerung „die vom Gymnasium", also Leute, die Sport trieben und Homer lasen. Sie waren in Vereinen organisiert, die Politeumata hießen, eine Bezeichnung, die später auch auf andere Bevölkerungsgruppen angewandt wurde. Das stets als persönlich und nicht institutionell aufgefasste Verhältnis zwischen Monarch und Untertan zeigt sich auch darin, dass Augustus in den Anfängen seiner Herrschaft trotz des Bestrebens, sein Reformwerk als republikanisch erscheinen zu lassen, zuerst alle freien Einwohner Italiens und dann der griechischen Welt einen Eid auf seine Person schwören ließ.

Es ist verständlich, dass Lebensstil und Vorzugsstellung des griechisch-makedonischen Bevölkerungsteils auf die einheimische, überwiegend agrarische Bevölkerung eine große Anziehungskraft ausübte. Insbesondere die alte Oberschicht hoffte durch Assimilation Zugang zu den gehobenen Stellungen im königlichen Dienst oder in der munizipalen Politik zu finden. Die Ausbreitung der griechischen Sprache und Lebensweise vollzog sich auf diesem Wege. Das galt selbst für den Staat der Parther,[57] die noch im 3. Jh. große Teile Irans und im 2. Jh.

---

56 Zum Verhältnis des monarchisch verfassten Territorialstaates zu den autonomen Städten auf seinem Gebiet in der griechisch-römischen Antike A. Dihle, in: F. H. Mutschler (ed.), Conceiving the Empire, Oxford 2008, 5–28 und F. Bulloch u. a. (eds.), Images and Ideologies – Self-definition in the Hellenistic World, Berkeley 1993, 287–295. Zur Bedeutung der religiösen Rolle der ptolemäischen Könige auch in diesem Zusammenhang L. Koenen bei Bulloch u. a., 75–115.

57 Das Partherreich ist unter einigen Aspekten durchaus der Welt des Hellenismus zuzurechnen. Wichtige Repräsentanten des griechischen Geisteslebens, die aus den Griechenstädten auf seinem Territorium hervorgingen, waren der

Mesopotamien eroberten. Ihre Könige nannten sich Philhellenen und
förderten nach Kräften die Griechenstädte auf ihrem Territorium,
woher noch lange wichtige Repäsentanten des griechischen Geisteslebens stammten. Als die Nachricht von der Niederlage der römischen
Armee bei Carrhae dem Partherkönig zusammen mit dem Kopf des
Crassus überbracht wurde, befand sich dieser am Hof des ihm ver-
wandten Armenierkönigs und sah der Aufführung der „Bacchen" des
Euripides zu. Der Schauspieler mit der Rolle der Agaue nahm die
Siegestrophäe als Haupt des Pentheus, wie Plutarch berichtet. Nicht
wenige Griechen neigten im Jahr 53 v. Chr. eher den Parthern als den
Römern zu, ähnlich wie eine Generation früher dem König Mithradates von Pontos, gleichfalls einem Iranier. Erst unter den Sassaniden im
3. Jh. n. Chr. löste sich Iran von der griechischen Kultur. Die Aus-
strahlung griechischer Sprache und Kultur reichte weit nach Osten.
König Ashoka aus der Maurya-Dynastie, der über fast den ganzen
indischen Subkontinent herrschte, verwandte in seinen Westprovin-
zen das Griechische als Verwaltungssprache.[58] Der Griechenstaat in
Baktrien, dem heutigen Afghanistan, hatte bis zu seiner Zerstörung
durch zentralasiatische Nomaden in der Mitte des 2. Jh. v. Chr. trotz
seiner isolierten Lage vollen Anteil an der griechischen Kultur und
vermochte sogar ins nördliche Indien zu expandieren, wo sich bis in
die Tage des Augustus kleine griechische Herrschaftsgebilde halten
konnten. Die Ausgrabungen von Ai Khanoum[59] haben eines der städ-

---

Stoiker Diogenes von Babylon, der Historiograph Apollonios von Artemita
oder der Geograph Isidoros von Charax. Die Nachricht von der Niederlage
des römischen Heeres bei Carrhae im Jahr 53 v. Chr. und die Aufführung der
„Bacchen" des Euripides am Hof des Königs von Armenien durch eine giechi-
sche Schauspielertruppe berichtet Plutarch (Crassus 33). Viele Griechen betrachteten die Parther ebenso wie Mithradates von Pontos, auch er ein Iranier,
als Verbündete gegen das gewalttätig expandierende Rom. Unerachtet der
Rolle Roms als Zentrum griechischen Geisteslebens seit dem 1. Jh. v. Chr. und
der griechischen Prägung aller höheren Bildung in der römischen Gesellschaft
gelang doch erst dem Prinzipat, eine echte Symbiose der griechischen mit der
lateinisch bestimmten Bevölkerung herbeizuführen.

58   Zum Hellenismus in Indien A. Dihle, RAC 18, 1996, 5–21.

59   P. Bernard, Aï Khanoum (Bulletin de l'École Française d'Extrême-Orient 68,
     1980, 1–75); ders. zu den Ausgrabungen in Balkh, dem antiken Baktra, Comp-
     tes Rendus des Séances de l'Académie des Inscriptiones et Belles-Lettres
     (CRAI) 2006, 1229–1242. – Die Verbindung dieser Außenposten der hellenis-

tischen Zentren des baktrischen Staates an den Tag gebracht. Sie dokumentieren ein hohes Niveau griechischer Urbanistik. Die Stadt
besaß eine Bibliothek, in der sich philosophische Literatur befand, und
ein Angehöriger der peripatetischen Schule besuchte die Stadt auf
einer Vortragsreise. Dass die baktrischen Münzen zu den Kostbarkei-
ten griechischer Kleinkunst gehören, weiß man seit langem. Am Beispiel der bekannt gewordenen Darstellungen des Herakles im gesamten iranischen Raum aus mehreren Jahrhunderten hat jüngst Kazim
Abdullaev gezeigt, wie sich religiöse Vorstellungen und bildliche Darstellungen griechischer Herkunft im Osten verbreiteten.[60] Schon länger bekannt ist ihre lange Nachwirkung, welche die Münzen der Kushan-Dynastie und die buddhistische Gandhara-Kunst bezeugen. Das
alles repräsentiert etwas wie eine hellenistische Koine, die auf beiden
Gebieten, dem religiösen wie dem künstlerischen, bis weit nach Indien
und Zentralasien ihren Einfluss ausübte.

Nicht nur Individuen einheimischer Herkunft gelang es im Laufe
der hellenistisch-römischen Zeit, griechische Sprache und Lebensweise anzunehmen und so ihren Status zu verbessern. Auch alte orientalische Städte, in denen es jene Bürgerfreiheit nie gegeben hatte, wandel-
ten sich in hellenistische Poleis, zum Teil wohl durch die Fusion mit
einer Neugründung. Ein freilich nur zeitweilig erfolgreicher, dann
gescheiterter Versuch, griechischen Lebensstil in das traditionelle
Milieu einer orientalischen Stadt einzuführen, ist uns in der Geschichte des Makkabäer-Aufstandes bezeugt. Auch hier war es die Oberschicht, welche die Hellenisierung vorantrieb. Trotz dieses gescheiter-
ten Versuches hielt sich bis zu den schweren Aufständen des 1. und
2. Jh. n. Chr. der tiefgehende Einfluss griechischer Sprache und
Denkweise auf das Judentum.[61]

---

     tischen Staatenwelt zum griechischen Geistesleben zeigt L. Robert, De
     Delphes à l'Oxus (CRAI 1968, 416–451).

60   Einen Eindruck von der Verbreitung griechischer Vorstellungen und Kunst-
     formen im gesamten Orient vermittelt Kazim Abdullaev am Beispiel der He-
     rakles-Darstellungen CRAI 2007, 535 ff.

61   Zum hellenisierten Judentum umfassend M. Hengel, Judentum und Helle-
     nismus, 2. Aufl. Tübingen 1988; Einzelnes bei W. Ameling, in: M. Karrer u. a.
     (eds.), Die Septuaginta – Texte, Kontexte, Lebenswelten, Tübingen 2008, 119–

In einer Welt, wo griechische Sprache und Kultur weithin dominierten, verspürten die Griechen als privilegierte und politisch herrschen-
de Schicht der Bevölkerung keine Neigung, von den Barbaren zu lernen. Im umfangreichen gelehrten Werk des Kallimachos, von dem der
erhaltene Katalog zeugt,[62] verrät kein Titel, dass sich dieser bedeutende
Dichter und Gelehrte mit Exotischem wissenschaftlich beschäftigte,
mochte er auch in seiner Dichtung damit spielen. Die Zielsetzung des
reich dotierten Forschungszentrums von Alexandrien, dessen Bibliothek Kallimachos katalogisierte, diente außer mathematischen, natur-
wissenschaftlichen und philosophischen Studien der umfassenden
Erschließung des literarischen Erbes der griechischen Vergangenheit
und ermöglichte so die Entstehung der philologischen Disziplinen.
Immerhin kam es in der Astronomie zur Zusammenarbeit mit babylonischen Experten, unter denen ein gewisser Kidenas in späterer
griechischer Fachliteratur wiederholt zitiert wird. Sein einheimischer
Name lautete Kidinnu. Im Jahr 312/311 v. Chr. führte Seleukos I. für
sein Riesenreich, das damals noch große Teile Kleinasiens, dazu Syrien, Mesopotamien und Iran umfasste, eine neue Zeitrechnung ein,
die noch lange nach dem Ende der Seleukiden im Osten verwendet
wurde. Die chronologiebewussten Babylonier und Iranier, aber auch
die Ägypter, die davon nicht unmittelbar betroffen waren, müssen das
als griechische Machtdemonstration empfunden haben.[63] Die ersten
Darlegungen orientalischer Überlieferung aus der Feder orientalischer
Autoren, aber in griechischer Sprache, enthielten sorgfältig gegliederte
chronologische Angaben und konnten damit bei ihren griechischen
Lesern an die traditionelle griechische Vorstellung vom hohen Alter
der Kultur ihrer Länder anknüpfen. Der Ägypter Manethon und der
babylonische Astrologe Berossos gehören beide ins frühe 3. Jh.
v. Chr.[64] Das früheste literarische Zeugnis deutlicher Opposition gegen
die griechische Herrschaft, die Orakel des Hystaspes, stammt aus dem

---

133, und in: J. Frey u. a. (eds.), Jewish Identity in the Greco-Roman World,
   Leiden 2007, 253–288.

62 Der Katalog der gelehrten Bücher des Kallimachos erhalten im Suda-Lexikon
    ed. Ada Adler 3, K 227.

63 C. Colpe, Iranier – Aramäer – Hebräer – Hellenen, Tübingen 2003, 584–590.

64 Fragmente der Schriften des Manethon und des Berossos FgH III c Nr. 609
    und Nr. 680.

Iran und gehört vermutlich auch in dieses Jahrhundert. Auch diese
Schrift war griechisch abgefasst, und Orakelsammlungen, seit hellenistischer Zeit als Form antigriecher und antirömischer Polemik verwendet, waren in der griechischen Welt seit dem 6. Jh. v. Chr. bekannt.[65]

Im frühen Hellenismus, während der Hochblüte griechischer
Wissenschaft und Technik auf kolonialem Boden, konnte der Anreiz,
von den Barbaren zu lernen, nicht eben groß sein. Indessen weitete
sich die Kenntnis der Welt durch Forschungsreisen, Feldzüge und
diplomatischen Verkehr.[66] So erforschte z. B. Patrokles die Länder
nördlich und nordöstlich des Iran, und Megasthenes hielt sich als
Gesandter offenbar längere Zeit am Hof des Maurya-Königs Candragupta, griechisch Sandrokottos, in Pataliputra am Ganges auf. Es kam
damals zwischen Seleukos I. und Candragupta zu einem Vertrag über
die gemeinsame Grenze. Auch andere diplomatische Missionen nach
Indien sind bekannt.

So gab es durchaus neue Angegungen, sich mit Exotischem zu be-
schäftigen und ein geographisch-ethnographisches Interesse lebendig
zu halten, das schon früher, bei Platon, Aristoteles und ihren Schülern,
zu bemerken ist.[67] Das Wissen vom hohen Alter der orientalischen
Überlieferungen führte den Philosophen auf die Frage, ob man dort in
frühen Zeiten etwa der Natur, die alle Maßstäbe eines rechten Lebens
vermittle, vielleicht näher gewesen sei und möglicherweise die sog.

---

65 C. Colpe, loc. cit. (Anm. 63), 167–173.

66 Expeditionen und Gesandtschaften in exotische Länder sind aus helle-
    nistischer Zeit reichlich bezeugt, etwa für Androsthenes, Timosthenes, Me-
    gasthenes. Die systematische Erforschung Arabiens vor einer durch Alexan-
    ders frühen Tod vereitelten Eroberung analysiert R. Högemann, Alexander
    der Große und Arabien, Tübingen 1985.

67 Aristoxenos Fr. 53 Wehrli [F. Wehrli, Die Schule des Aristoteles, 10 Teile,
    Basel 1944–1954]. Auch andere Peripatetiker interessierten sich für den Ori-
    ent: Eudemos Fr. 130; 150 Wehrli; Herakleides Pontikos Fr. 68–70 Wehrli.
    Der Akademiker Krantor berichtete, man habe Platons Politeia böswillig als
    Plagiat eines ägyptischen Textes bezeichnet (Proklos, Commentaria in Ti-
    maeum I p. 76 [ed. E. Diehl, 3 Bd., 1903–1906, Nachdruck 1965]). Platon be-
    zog sich eindrucksvoll auf das ehrwürdige Alter ägyptischer Überlieferung
    (Timaios 22 A/B), und auch die Peripatetiker konnten sich in dieser Hinsicht
    auf ihren Schulgründer berufen (Fr. 32 ff. Rose [V. Rose (ed.), Aristotelis
    fragmenta, 1886]).

Primitiven auch in der Gegenwart naturnäher, also richtiger leben als es in der Kulturwelt möglich ist.[68]

Hier gewannen Vorstellungen wie die des Aristoxenos vom Inder, der Sokrates belehrte, oder Megasthenes' Feststellung, indische Brahmanen und jüdische Schriftgelehrte hätten die kosmologischen Lehren der griechischen Philosophie vorweggenommen,[69] an Zustimmung. Das Interesse am einfachen und darum naturnahen Leben bewirkte auch eine Art Wiederentdeckung des klugen Thrakers Anacharsis, das Urbild des „edlen Wilden", von dem Herodot berichtet hatte.[70] Schließlich zeigte sich der erweiterte geographische Horizont auch darin, dass man für utopische Darstellungen nicht mehr nur fiktive Länder einführen musste wie die Atlantis Platons. Im Bericht des Megasthenes und im Ägypten-Buch des Hekataios von Abdera steht neben realistischen Angaben auch die Interpretation fremdartiger Details als Hinweis auf ideale Verhältnisse, und die Erfindung der Inselstaaten bei Euhemeros und Iambulos verrät die Erschließung des Indischen Ozeans durch die graeco-ägyptische Seefahrt. Im 2. Jh. v. Chr. fand Agatharchides sogar in der aus seiner Sicht halbtierischen Lebensweise der Küstenbewohner Ostafrikas Anzeichen der Einsicht in die Regeln der Natur für das menschliche Leben.[71]

---

68   A. Dihle, Entretiens sur l'Antiquité Classique VIII, Fondation Hardt sur l'Antiquité Classique, Genève 1962, 205–246 zu den Versuchen des Agatharchides und des Poseidonios, die Mentalität fremder, unzivilisierter Völker aus ihren Gebräuchen zu verstehen.

69   Megasthenes FgH 715 F 3; vergleichbar der Peripatetiker Klearchos Fr. 6; 13 Wehrli. Vgl. auch K. Karttunen, India and the Hellenistic World, Helsinki 1997, 60 u. ö.

70   Interesse für das angeblich naturnahe Leben fremder Völker (s. Anm. 66 u. 68) führte zur Erneuerung der bei Herodot greifbaren Überlieferung vom Thraker Anacharsis, dem Urbild des „edlen Wilden" (F. Kindstrand, Anacharsis, Uppsala 1981).

71   Sowohl das Buch über Ägypten des Hekataios von Abdera (FgH 264) als auch Megasthenes' Indien-Bericht (FgH 715), beide um 300 v. Chr. entstanden und aus umfangreichen Referaten bekannt, enthalten neben zuverlässigen Angaben idealisierend-utopische Details. Die utopischen Romane des Euhemeros und des Iambulos sind auf Inseln im Ozean angesiedelt und spiegeln die erweiterte Kenntnis des Indischen Ozeans. Agatharchides (um 120 v. Chr.) erwähnt als erster die Insel Sokotra, und etwa 110 v. Chr. gelang griechischen Seeleuten die erste direkte Überfahrt nach Südindien unter Ausnutzung des

Hier entstand die Vorstellung von der Philosophie der Barbaren, eine Konzeption, die sich bis in die Spätantike steigender Beliebtheit erfreute und im Rahmen der Doxographie, der Vorstufe der Philosophiegeschichte, geradezu systematisiert wurde. Ägyptische Priester, indische Brahmanen, babylonische Astrologen, auch Chaldäer genannt, persische Magier und später auch keltische Druiden betrachtete man als Träger alter Weisheit, von deren Lehren man freilich wenig oder nichts wusste, also als Philosophen, den griechischen vergleichbar.[72] In der griechischen Philosophie war das Thema des rechten Lebens durch das Auftreten des Sokrates in den Mittelpunkt gerückt, denn ihm galt sein stetes Fragen und Prüfen. In vielen der philosophischen Gruppen, die sich im ausdrücklichen oder unausgesprochenen Anschluss an Sokrates bildeten, spielte darum zwar die Kunst der Debatte, nicht aber die Wissenschaft eine Rolle, weil Erkenntnis nicht um ihrer selbst willen, sondern nur im Hinblick auf das rechte Leben zu erstreben sei. Platon und Aristoteles mit ihren Anhängern bildeten in diesem Milieu insofern Ausnahmen, als sie, ohne die sittliche Bedeutung des Philosophierens einzuschränken, das sokratische Fragen und Prüfen auf die ganze Wirklichkeit anwandten, also die Disziplinen der Wissenschaft der Philosophie subsumierten. Alles Bemühen um die Wahrheit sollte zum rechten Leben führen. Eine abgeschlossene Dogmatik entstand in der Frühzeit der Akademie und des Peripatos darum nicht. Diese ergab sich erst aus der zunehmenden Breitenwirkung der Philosophie und der Professionalisierung ihrer Vertreter, vornehmlich in den Schulen der Epikureer und Stoiker, deren Gründer am Anfang der hellenistischen Periode in Athen wirkten. Hier bildete sich das langlebige dreigeteilte System philosophischer Unterweisung heraus. Es galt, in kontrollierter Sprache und Argumentation (Dialektik oder Logik) die Grundlagen einer verlässlichen Kenntnis des Kosmos und der Stellung des Menschen darin (Physik) zu vermitteln und daraus die Regeln für ein naturgemäßes, gelungenes Leben herzuleiten (Ethik). Damit trennte sich die Philosophie für lange Zeit

---

Monsuns. Die ptolemäische Verwaltung reagierte auf die Erschließung dieser wichtigen, bisher von arabischen Zwischenhändlern genutzen Handelsstraße mit der Reorganisation der Küstengebiete des Roten Meeres (R. Hutmacher, Das Ehrendekret für den Strategen Kallimachos, Meisenheim a. G. 1965).

72 A. Dihle, Die Philosophie der Barbaren, in: T. Hölscher (ed.), Gegenwelten, Leipzig 2000, 183–204.

von der Wissenschaft,[73] unerachtet der Tatsache, dass nicht wenige Philosophen auch wissenschaftlich tätig waren und Wissenschaftler Anhänger bestimmter philosophischer Schulen. Es war aber die Philosophie im Sinne theoretisch lehrbarer Lebenskunst, die man in den Überlieferungen exotischer, vornehmlich orientalischer Völker vermutete, deren wirkliches oder angenommenes Alter die Griechen stets mit Respekt erfüllt hatte.[74] In diesem Sinn wurden auch Juden- und Christentum von Anhängern und Gegnern durchweg als Philosophie bezeichnet und der Philosophie der Barbaren zugerechnet. In allen Kontroversen spielte darum auch das Altersargument eine besondere Rolle.[75]

Freilich, Kenntnisse der Lehren persischer Magier oder ägyptischer Priester erwarben die Griechen, soweit wir wissen, nicht, weil sie keine fremdsprachigen Texte studierten. Gewiss gab es in der weiten Welt des Hellenismus viele mehrsprachige Griechen. Aber Sprachkenntnisse dienten den Erfordernissen des praktischen Lebens. Um der Bildung willen eine Fremdsprache zu erlernen, ist offenbar keinem Griechen eingefallen, während die Römer die Kenntnis des Griechischen als unabweislichen Bestandteil höherer Bildung betrachteten. Man spekulierte über den Symbolwert der Hieroglyphen und kam dabei gelegentlich auf zutreffende Einsichten, aber entdeckte nie, dass sie auch Phoneme wiedergeben. Nur gelegentlich stößt man auf Spuren einer gewissen Kenntnis des Ägyptischen.[76] Die indischen Wörter in der griechischen Lexikographie kommen nicht aus dem Sanskrit, sondern sind mittelindischer Herkunft. Sie stammten aus Handel oder Diplomatie, gelangten von dort in geographische und historiographische Texte und dann als erklärungsbedürftig in die Lexika. Die hochentwickelte griechische Sprachwissenschaft hat sich nie des Sprach-

---

73 A. Dihle, Lebenskunst und Wissenschaft, in: C. Rapp (ed.), Wissen und Bildung in der antiken Philosophie, Stuttgart 2006, 25–36.

74 Aristoteles Fr. 15; 32–36 Rose. In den kosmogonischen Mythen sah Aristoteles eine Vorstufe der philosophischen Kosmologie (De caelo 270 b 5; 284 a 2 f.; Meteorologica 339 b 12; Metaphysica 1074 b 1–14). Seine Schüler verwiesen auf die Bedeutung der Orientalen auf diesem Gebiet, z. B. Eudemos Fr. 89; 150 Wehrli. Ähnlich äußerte sich der Historiker Theopompos (FgH 115 F 64). S. auch Anm. 67 u. 71.

75 S. u. Anm. 110.

76 E. Winter, RAC 15, 1991, 83–103.

vergleiches bedient, mit der einen Ausnahme, dass der Grammatiker Philoxenos das Latein als griechischen Dialekt zu erweisen suchte.[77] Ein Studium der zum Teil außerordentlich divergierenden griechischen Dialekte war indessen schon deshalb nötig, weil sie in der zu edierenden und interpretierenden griechischen Dichtung vorkamen. Die Lehren der barbarischen Philosophen blieben unter diesen Voraussetzungen mehr oder weniger inhaltlose Schemen, und man begnügte sich in der Doxographie damit, ihre Vertreter einfach nur aufzuzählen.

Eine Ausnahme machte in dieser Hinsicht die jüdische Überlieferung. Die zahlreichen Juden Ägyptens, die es dort seit der neubabylonischen und persischen Periode gab, öffneten sich sehr früh der griechischen Sprache.[78] Die ersten Pentateuch-Übersetzungen gehören ins 3. Jh. v. Chr., unerachtet des Umstandes, dass die im Aristeas-Brief erzählte Geschichte erst im 2. Jh. v. Chr. entstand. Es heißt dort bekanntlich, auf Einladung des Ptolemaios Philadelphos seien 72 Schriftgelehrte aus Jerusalem nach Alexandrien gekommen, um für die Bibliothek des Königs eine Pentateuch-Übersetzung anzufertigen. Der Text ist im Zusammenhang der Septuaginta-Studien wiederholt untersucht worden, und wenn er auch eine offenbar für einen bestimmten Zweck erfundene Legende enthält, kann man doch vermuten, dass er eine neuere gegenüber vorhandenen älteren Übersetzungen zur Geltung bringen sollte. In unserem Zusammenhang braucht dieses Problem nicht erörtert zu werden, wohl aber lohnt sich der Hinweis auf eine Parallele. Im Anschluss an den Übersetzungsbericht erzählt der Autor von einem Gastmahl, das der König den Schriftge-

---

77 C. Theodorides, Die Fragmente des Philoxenos, Berlin 1976. Für die Latein sprechenden Römer war das Griechische zweifellos eine Bildungssprache, was umgekehrt nicht galt, obwohl viele Griechen, vor allem in der Armee, das Latein als Verwaltungssprache ohne Frage gelernt hatten. Aber selbst Plutarch, der viele Gestalten und Fakten der römischen Geschichte literarisch behandelte, hatte nur mangelhafte Lateinkenntnisse. Doch scheinen seine Erklärungen bzw. Übersetzungen ägyptischer Wörter im Traktat über Isis und Osiris auf einen guten Gewährsmann zu deuten. Sie lassen sich freilich auf der demotisch-koptischen Stufe dieser Sprache am ehesten verstehen; dazu H. J. Thissen, Zeitschrift für Papyrologie und Epigraphik (ZPE) 168, 2009, 97–106.

78 Ameling, loc. cit. (Anm. 61).

lehrten ausrichtet. Dabei geben sie weise Antworten auf die Fragen, die ihnen ihr Gastgeber vorlegt. Ähnliches steht in einem buddhistischen Pali-Text. Der Gastgeber ist ein König Milinda, kein anderer als der Grieche Menandros, der in der Mitte des 2. Jh. v. Chr. ein Reich im nordwestlichen Indien regierte und von dem Plutarch berichtet, dass er sich in einem Stupa, also wohl nach buddhistischem Brauch, begraben ließ.[79] Die kurze griechische Expansion nach Indien hat in der buddhistischen Welt Spuren zwar in der bildenden Kunst hinterlassen, aber keine buddhistische Literatur in griechischer Sprache, der hellenistisch-jüdischen vergleichbar. Dazu waren die politischen und ethnisch-demographischen Verhältnisse zu verschieden. Aber die Konfiguration dieser Begegnung zwischen Hellas und Orient in Indien ähnelt auf bemerkenswerte Weise der ungleich folgenreicheren griechisch-jüdischen im ptolemäischen Ägypten.

Den ersten Übersetzungen folgte bald eine jüdische Literatur in griechischer Sprache, die sich eine ganze Reihe von Gattungen griechischer Literatur in Prosa und Poesie zu eigen machte. Ihre Vertreter kamen nicht nur aus Ägypten, auch Palästina stand ja unter griechischer, abwechselnd ptolemäischer und seleukidischer Herrschaft, und Jerusalem war vor dem Aufstand der Makkabäer auf dem Weg, eine Polis nach griechischem Vorbild zu werden. Dementsprechend findet man in den erhaltenen Resten dieser Literatur allenthalben dieselben Vorstellungen, Interpretationsweisen und Stilmittel wie in der übrigen griechischen Literatur. So interpretierte etwa der alexandrinische Jude Aristobulos Bibeltexte ganz im Sinn philosophischer Mythenexese, indem er z. B. Anthropomorphismen als Allegorien deutete. Auch identifizierte er Moses mit dem Sänger Musaios des griechischen Mythos. Die jüdische Religion wird in dieser Literatur durchweg als Philosophie bezeichnet, eben als eine der barbarischen Philosophien. Vom Umfang dieser jüdischen Literatur gibt der Umstand einen Eindruck, dass allein die jüdischen Historiographen außer den beiden ersten Makkabäerbüchern unserer Bibel und den Werken des Josephos 14 Autoren zwischen dem späten 3. Jh. v. Chr. und dem 1. Jh. n. Chr. in der Sammlung der griechischen Historikerfragmente stellen. (Erst im Gefolge der großen Aufstände im 1. und 2. Jh. n. Chr. erlosch

---

79   Ausführlich W. W. Tarn, The Greeks in Bactria and India, 2. Aufl., Oxford 1951, 414–436.

allmählich die jüdische Literatur in griechischer Sprache und wurde in Teilen und nicht ohne Eingriffe in die Texte nur noch von den Christen tradiert.)

Anders als im Fall der Schriften anderer exotischer Religionen konnten daran interessierte Griechen große Teile der biblischen und außerbiblischen, später nicht in den Kanon aufgenommenen Überlieferung in der eigenen Sprache zur Kenntnis nehmen, während Megasthenes kurz nach 3oo v. Chr. noch kaum etwas Näheres über die Lehre der Schriftgelehrten gewusst haben dürfte. Die neue Kenntnis und das enge Zusammenleben mit den Juden ließen auf griechischer Seite eine Literatur über und bald auch gegen die Juden entstehen. In dieser Literatur, die sich in christlicher Zeit fortsetzte, sind auch Reste der griechisch-jüdischen Texte erhalten geblieben. Es ging in der Auseinandersetzung zwischen Juden und Griechen vor allem darum, wessen „Philosophie" die ältere sei, ob also Moses älter sei als Platon oder gar Homer und deshalb auch ihr Vorbild. Denn dass beide in Beziehung zueinander stünden, war auf beiden Seiten eine ausgemachte Sache. Uns seltsam erscheinenden Argumenten begegnet man in diesen Kontroversen, etwa das Fehlen des Wortes Nomos, der gängigen Übersetzung des hebräischen Thora, bei Homer als chronologisches Indiz, oder die Überlieferung vom Aufenthalt des Volkes Israel in Ägypten als Beweis dafür, dass die jüdische „Philosophie" ein Plagiat der ägyptischen sei.[80]

Wie schon lange im Orient schrieb man auch auf griechischer Seite dem Alter einer Überlieferung große Bedeutung zu. Dort galt zwar seit früher Zeit auch unausgesprochen der Grundsatz, dass der Mensch aus der Natur die Maßstäbe für richtig und verkehrt beziehen müsse. Doch schon im 5. Jh. v. Chr. heißt es bei Euripides auch, dass

---

80 Die jüdische Historiographie in griechischer Sprache, die vor 200 v. Chr. einsetzte, ist uns vor allem in den Fragmenten der umfangreichen Schriftstellerei des Alexander Polyhistor (FgH 273) aus dem 1. Jh. v. Chr. zugänglich. Die Tendenz, möglichst enge Verbindungen zwischen jüdischer und griechischer Überlieferung zu finden, erkennt man an der Behauptung alter Beziehungen zwischen Israel und Sparta im Zweiten Makkabäerbuch (5, 9) oder der Gleichsetzung Moses/Musaios bei Aristobulos im 2. Jh. v. Chr. (FgH 737 F 9). Josephos zum Fehlen des Wortes Nomos bei Homer: Contra Apionem 2, 156. Vgl. auch Hengel (s. o. Anm. 61).

alles, was seit alter Zeit gelte, der Natur gleichgeordnet sei.[81] Auf dieser
Grundlage ergab sich das schon erwähnte Interesse an volkstümlicher
Weisheit, wie man sie in Sprichwörtern ebenso wie in alter exotischer
Überlieferung zu finden hoffte. Das gilt für Aristoteles, der in seinen
Argumentationen immer wieder allgemein geltendes Wissen heran-
zieht, ebenso wie für Stoiker und Epikureer.[82]

Mit der griechisch-jüdischen Auseinandersetzung hat die Darstellung die frühhellenistische Epoche schon verlassen und ist in eine
sich rasch verändernde Geisteswelt eingetreten, die bis in die Spätantike die griechische Kultur kennzeichnete.

Der Wandel ist nicht nur einerseits dem wachsenden Selbstbe-
wusstsein der Orientalen und andererseits der zunehmenden Zahl
derer zuzuschreiben, die, sprachlich und kulturell zu Griechen geworden, doch ihre Wurzeln in der außergriechischen Welt nicht verleug-
nen konnten oder wollten. Das zeigt z. B. die Namensgebung, die sich
anhand der unzähligen Papyri gerade in Ägypten recht gut verfolgen
lässt.[83] Man hat das erste Auftreten ägyptischer Kontingente der ptolemäischen Armee in der Schlacht bei Raphia 212 v. Chr. als Wende-
punkt einer Entwicklung betrachtet, in deren Verlauf Einheimische
mehr und mehr Stellungen in Armee und Verwaltung einnahmen, die
zuvor Griechen und Makedonen vorbehalten waren. Außerdem, und
das gilt nicht nur für Ägypten, scheint es eine wachsende Zahl von
Ehen gegeben zu haben, die über die ethnischen Grenzen hinweg
geschlossen wurden.[84]

---

81   Schon in den „Bacchen" des Euripides (894 f.), also zur Zeit der Diskussionen
      um Nomos und Physis, Konvention oder Natur als bestimmendes Motiv
      menschlichen Verhaltens, wird das, was sich seit alter Zeit als ein Nomimon
      verbindlicher Geltung erfreut, mit der Natur in Parallele gesetzt.

82   Aristoteles schätzt die in Sprichworten überlieferte Weisheit (Fr. 13 Rose)
      wegen ihres Alters ebenso wie Stoiker (SVF 2, 16 [Stoicorum Veterum Frag-
      menta, coll. Io. v. Arnim, 3 Bd., 1903, Registerband 1924]) und Epikureer, un-
      ter denen Polystratos einen Traktat gegen die Verächter der Volksweisheit
      verfasste (A. Dihle, Vom gesunden Menschenverstand, Sitzungsberichte der
      Heidelberger Akademie der Wissenschaften, 1995, Nr. 19).

83   Reiche bibliographische Angaben in den Anmerkungen bei L. Koenen, The
      Ptolemaic King as a Religious Figure, in dem oben in Anm. 56 zitierten Sam-
      melband, vor allem auf den Seiten 25 f. und 31–34.

84   Koenen, loc. cit. (Anm. 56), 63.

Bedeutsamer im Wandel der Mentalität gerade der Griechen war aber wohl ein anderer Faktor. Der ungewöhnlichen Blüte der Wissenschaften in frühhellenistischer Zeit, bei den Griechen in Ägypten und anderswo, entsprach auch auf anderen Gebieten ein ausgeprägter Rationalismus, dessen Grundlagen im 5. und 4. Jh. gelegt worden waren. Er zeigt sich im Militär-, Finanz- und Steuerwesen, in Stadtplanung und Architektur und wird am Privatleben nicht vorübergegangen sein. Anders als aus archaisch-klassischer Zeit hören wir z. B. nichts von sakralen Handlungen, die jeden Feldzug einleiteten und begleiteten. Dieser Rationalismus trat seit dem 2. Jh. v. Chr. deutlich zurück und machte einer gesteigerten religiösen Empfänglichkeit Platz. Dieser Prozess vollzog sich sehr allmählich und in der Weite der hellenistischen Welt auf verschiedene Weise. So gab es z. B. noch längere Zeit sowohl Religionskritik als auch gute wissenschaftliche Leistungen, wenn auch das Interesse der Gebildeten sich auf die Philosophie im Sinn der Lebenskunst verlagerte und dort die meiste intellektuelle Anstrengung forderte. Religiöse Empfänglichkeit, die sich in den verschiedensten Formen und Zusammenhängen äußern konnte, wurde gerade in der Philosophie, der angesehensten Weise geistiger Tätigkeit, bis in die Spätantike mehr und mehr zu einem dominierenden Faktor. Den Mentalitätswandel, um den es hier geht, hat man mit dem im frühen 2. Jh. v. Chr. beginnenden Niedergang der hellenistischen Staatenwelt in Verbindung gebracht. Der Verlust erst des Iran, dann auch des Zweistromlandes an die Parther hatte weniger dramatische Konsequenzen als das Eingreifen Roms seit der Wende vom 3. zum 2. Jh. v. Chr. Ihm erlag bis zur Eingliederung Ägyptens in das Römerreich nach der Schlacht von Actium im Jahr 31 v. Chr. buchstäblich ein hellenistischer Staat nach dem anderen, und das war vor allem in der letzten Phase mit einer Verelendung weiter Teile der griechischen Welt verbunden. Seine großen Bürgerkriege, die sich in den Schlachten von Pharsalus und Philippi entschieden, führte Rom auf griechischem Boden und weitgehend zu Lasten des wirtschaftlichen Potentials der griechischen Welt. Die veränderte Rolle der Religion lässt sich am ehesten an Zeugnissen endzeitlicher Stimmung erkennen, der 16. Epode des Horaz, die im letzten Bürgerkrieg entstand, und der 4. Ecloge Vergils. Beide beziehen sich in jeweils verschiedener Weise auf sibyllinische, in der griechischen Welt verbreitete Prophezeiungen. Das griechische Geistesleben hatte sein Zentrum im 1. Jh. v. Chr. nach Rom verlagert, und das zeigt sich in der nachhaltig griechischen Einfärbung der damals zu klassischer Höhe aufsteigenden lateinischen Literatur.

In der griechischen Religion archaisch-klassischer Zeit[85] unterscheidet man zwischen dem Kult der großen Gottheiten und dem der kleineren Numina. Jener war Sache der Polis, weil ihr Wohl von der Gunst dieser Götter abhing, dieser privater Natur wie der Totenkult, aber beide standen unter dem gesetzlichen Schutz des Gemeinwesens. Zu allen Kulten, besonders denen der großen Götter, gab es erklärende Überlieferungen. Die Phantasie der Dichter konnte daraus ein reiches Geflecht von Mythen formen, das weit über die Stammes- und Gemeindegrenzen hinaus zur panhellenischen, vom Kult unabhängigen Überlieferung wurde und zu immer neuer Fortbildung und Deutung einlud. Obwohl man in der Göttersage und ihren Variationen, wie die Dichtung sie prägte und veränderte, durchaus eine Theologie finden kann, war doch ihre religiöse Bedeutung gering. jedenfalls verglichen mit dem Vollzug des Kultes, bei dem eine Fülle althergebrachter Regeln zu beachten waren. Hier konnte man den Kultempfängern gefallen oder missfallen, weil es um ihre Ansprüche ging, viel weniger durch das, was man von ihnen erzählte. Diese auf den Kult konzentrierte Religion kannte darum keine verbindlichen Lehren, ähnlich wie bei anderen Völkern der Alten Welt, in Griechenland aber auch keinen von der übrigen Gesellschaft abgehobenen Priesterstand. Der gemeindliche Kult wurde von den Funktionären des politischen Gemeinwesens vollzogen, der private meist vom Oberhaupt der Familie, und viele religiös motivierte Bräuche von den davon Betroffenen.

Zwar hatte es schon früh Berührungen der griechischen Welt mit anderen Religionen gegeben, gelegentlich auch den Import fremder Gottheiten mit ihrem Kult. Aber die Öffnung der Welt durch den Alexanderzug machte Griechen, die nun in allen Teilen dieser Welt ansässig wurden, mit einer bis dahin unbekannten Vielzahl religiöser Praktiken und Anschauungen bekannt. Das bedeutete weit mehr als die gelegentliche Begegnung Einzelner oder kleiner Gruppen mit fremden Kulten, etwa bei der Gründung einer Kolonie oder im Handelsverkehr. Die gegenüber früheren Lebensbedingungen mobiler ge-

---

85   W. Burkert, Griechische Religion der archaischen und klassischen Periode, Stuttgart 1977.

wordene griechische Bevölkerung des Ostens geriet unweigerlich in
eine Verflechtung mit den am jeweiligen Ort herrschenden religiösen
Traditionen. Dass Götter für ihre Stadt bzw. ihr Gebiet auch über
einen Wechsel der politischen Herrschaft hinaus zuständig waren und
auch vom Neuankömmling Verehrung beanspruchten, entsprach
überall antiker Auffassung. So kam es in der hellenistischen Welt zu
dem, was man Synkretismus nennt. Es handelte sich dabei um einen
langwierigen Prozess, den darzustellen über die Möglichkeiten dieser
kleinen Studie hinausgeht. Ich beschränke mich darum auf ein Beispiel, die sog. Orientalischen Mysterienreligionen, weil sie die grie-
chisch-orientalische Interaktion im Hellenismus und der Kaiserzeit
besonders deutlich werden lassen, und vertraue mich dabei der verlässlichen Führung Carsten Colpes an.[86]

Mysterienkulte gab es bei den Griechen seit langem.[87] Wie die
Orakel bildeten sie einen wichtigen Teil des religiösen Lebens. Einige,
wie die Kulte der Kabiren in der nördlichen Ägeis, scheinen in früher
Zeit aus dem Orient gekommen zu sein. Die berühmtesten und auch
uns am besten bekannten waren die im attischen Eleusis, einer ur-
sprünglich von Athen unabhängigen Gemeinde. Doch gehörte der
Kult in historischer Zeit fest in den Kalender Athens. Wer sich in
Eleusis an bestimmten, z. T. geheim gehaltenen Kulthandlungen betei-
ligte und die dabei gesprochenen Worte aufnahm, gewann am Ergehen einer der dort verehrten Gottheiten Anteil, einer Göttin, die ur-
sprünglich mit der absterbenden und sich erneuernden Vegetation zu
tun hatte. Dem derart Eingeweihten winkten Glück und Wohlstand
im Leben und vor allem Seligkeit im Jenseits. In den „Fröschen", einer
Komödie des Aristophanes, lässt der Dichter einen Chor seliger
Mysten in der Unterwelt auftreten. Der offizielle Charakter der eleusi-
nischen Mysterien zeigt sich darin, dass anfangs nur athenische Bürger
zu ihnen zugelassen waren. Nichtsdestoweniger betrafen sie, wie alle
Mysterien, nicht Gemeinde oder Familie, sondern den Einzelnen.
Dieses, die Bedeutung der gesprochenen Worte und das mit ihnen

---

86 Dabei ist besonders an die umfangreichen Aufsatz-Sammlungen zu denken:
    Iranier – Aramäer – Hebräer – Hellenen, Tübingen 2003, und Griechen – By-
    zantiner – Semiten – Muslime, Tübingen 2008.

87 W. Burkert, Antike Mysterien, 3. Aufl. Berlin 1994.

verbundene Wissen vom Heilsversprechen heben die Mysterien aus der großen Zahl üblicher Kulte deutlich heraus.

Mysterienkulte besitzen einerseits schon auf Grund der Geheimhaltung eine gewisse Exklusivität, andererseits zeigen sie die Tendenz, die Beschränkung auf eine ortsgebundene Kultgemeinde abzustreifen und ihr Heilsversprechen auch an anderen Orten den Menschen zu vermitteln. Die Folge ist dann zunächst die Zulassung Fremder am Ursprungsort. Verbindet sich die Ausbreitung aber mit Werbung, bedarf es dazu religiöser Experten als Missionare und Priester, wie sie die traditionelle griechische Religion sonst nicht kannte.

Ein Beispiel dafür, dass ein Gott aus einem „normalen" Kultempfänger zu einer Mysteriengottheit wird, gibt der Gott Dionysos, der auf verschiedene Weise verehrt worden war.[88] Seine Deutung als Mysteriengott, in einer reichen Mythologie expliziert, gehört in den Zusammenhang einer Bewegung, die ihren Namen nach dem sagenhaften Sänger Orpheus trägt. In ihr, die vermutlich im 6. Jh. aufkam, spielten Spekulationen über das Schicksal der Menschen im Jenseits, seine Belohnung oder Bestrafung, eine besondere Rolle. Wir kennen diese Lehren von der Unterwelt aus Texten mit Totenpässen, die Toten auf Goldplättchen ins Grab mitgegeben wurden, vornehmlich in Randgebieten der griechischen Welt wie Unteritalien und die Schwarzmeerküste, aber auch aus Papyrustexten. Pindar und Platon beziehen sich auf diese Lehren, und umfangreiche poetische Zeugnisse sind aus der Spätantike erhalten. Dionysos wurde in diesem Zusammenhang zu einem getöteten und wiederbelebten Gott, dem ägyptischen Osiris vergleichbar. Frühe Zeugnisse der Verbreitung der Dionysos- bzw. Bacchus-Mysterien kommen aus dem ptolemäischen Ägypten und aus Unteritalien. Die staatlichen Stellen waren misstrauisch gegenüber dem importierten Geheimkult, und seine Anhänger mussten sich in Ägypten registrieren lassen. In der Tat kam es in Italien im Jahr 186 v. Chr. zu skandalösen Vorkommnissen im Rahmen dieses Kultes, die den römischen Senat zum Eingreifen zwangen.[89]

Mysterienkulte in größerer Zahl verbreiteten sich in der Weite der hellenistischen Königreiche und des Römerreiches. Die Bevölkerung war mobiler geworden, und gerade Einwanderer und andere Orts-

---

88   Burkert, loc. cit. (Anm. 3), 79–106.
89   A. Dihle, Hermes 90, 1962, 376 ff.; Colpe 2008 (Anm. 86), 291–297.

wechsler, welche die religiöse und soziale Bindung am angestammten Wohnsitz verloren hatten, fanden hier neue Wurzeln. Dafür erwiesen sich die geschlossenen Zirkel der Eingeweihten geeigneter als die unübersichtlichen Kultgemeinden anlässlich der Feste großer Stadtgötter, die dem Einzelnen in seinen Nöten und Hoffnungen ohnehin ferner standen. Mysterien versprachen ihm besondere Nähe zur Gottheit des Kultes und konnten zu einem intensiven, das Bewusstsein erweiternden Erleben führen. Vor allem aus dem kleinasiatischen Phrygien, das sich auch noch in frühchristlicher Zeit einen Namen durch neue Sekten mit ekstatischen Begehungen machte, kamen neue Mysterien.

Seit dem 2. Jh. v. Chr. lassen sich nun vier neue Mysterienkulte nachweisen, die Gottheiten orientalischer Herkunft gewidmet waren:[90] Mithras aus Iran, Isis aus Ägypten, Sabazios aus Kleinasien und gleichfalls von dort Attis zusammen mit der phrygischen Muttergottheit. Alle diese Gottheiten waren in ihren Heimatländern berühmt und vielfach verehrt, jedoch nirgends als Mysteriengötter in Erscheinung getreten. Der Kult der kleinasiatischen Großen Mutter war schon früh nach Athen gekommen, etwas später auch der des Sabazios. Die Römer hatten nach einer Befragung des Orakels in Delphi den Kult der Großen Mutter im Jahr 205 v. Chr. in ihre Stadt geholt, ihn freilich auf der Tiberinsel in gewisser Isolierung gehalten, seiner abstoßenden Fremdartigkeit wegen, von der im klassischen Athen nichts verlautet.[91] Auch bei diesen Importen handelte es sich nie um die Einführung

---

90 Colpe 2003 (Anm. 63 und 86), 288–314.

91 Der Kult des Sabazios ist in Athen schon für das 5. Jh. v. Chr. bezeugt (Aristophanes, Lysistrata 388; Vespae 9 u. ö.). Sabazios scheint gelegentlich mit Dionysos identifiziert worden zu sein. Einen Tempel der Großen Göttermutter gab es in Athen seit dem 6. Jh., und Phidias soll im 5. Jh. das Kultbild geschaffen haben (Pausanias 1, 35). In diesem Metroon befand sich das Athener Staatsarchiv. Auch Olympia hatte ein Metroon (Pausanias 5, 20). Der Kult dieser Göttin wurde 205 v. Chr. auf Anweisung des Orakels von Delphi nach Rom geholt, wo man den seiner Fremdartigkeit wegen auf der Tiberinsel installierte und aus dem Stadtbild heraushielt (K. Latte, Römische Religionsgeschichte, München 1960, 258–262). Von einem Mysterienkult kann bei keiner dieser aus Kleinasien stammenden und unter verschiedenen Namen verehrten Gottheiten die Rede sein. Ausführliche Bibliographie auch zu anderen orientalischen Religionen in der hellenistisch-römischen Welt bei G. Ristow, RAC 22, 2008, 576–602.

eines Mysterienkultes, so wenig wie bei anderen Übertragungen älterer Zeit.

Nun boten Mysterien gerade den Griechen besondere Anregungen. Der Gedanke des Aufstieges, der in Weihegraden zum Ausdruck kam, beherrschte auch die auf die Ethik konzentrierte Philosophie nachklassischer Zeit. Der nicht selten von der traditionellen, in der Dichtung herrschenden Mythologie abweichende Mythos, der den Kult begleitete und erklärte, bot der allegorischen Interpretation, wie sie seit langem geübt und von der Stoa besonders geschätzt wurde, neue Ansatzpunkte. Deutlich wird das z. B. in Plutarchs großem Traktat über Isis und Osiris. Schließlich führte ein Mysterienwesen, sofern es nicht mehr an bestimmte Orte gebunden war, zur Bildung von Gemeinden, deren Leiter die Rolle eines Klerus spielten. Eben dieses war der alten griechischen Religion, wie schon gesagt, ganz fremd, in der als Priester entweder Beamte des Gemeinwesens oder, in privaten Kulten, Familienangehörige fungierten. Es gab für das wandernde, wohl auch missionierende Kultpersonal etlicher Mysterien-Vorläufer schon in archaischer Zeit. Das waren wandernde Sibyllen, Bakiden, Weise und Wundertäter, die Prophezeiungen vortragen oder Entsühnungen und Heilungen vornehmen konnten. Man hat sie mit dem eurasischen Schamanismus in Verbindung gebracht. Sie werden seit dem 7., vor allem aber im 6. Jh. greifbar, in dem sie das Orakelwesen veränderten und Orakelsprüche verbreiteten, begleiten aber den Betrachter durch die ganze Antike.[92] Das Auftreten missionierender Priester der Isis-Mysterien hatte damit eine gewisse Ähnlichkeit, führte jedoch zur Bildung von Gemeinden.[93] Wie die Werbung und Gemeindebildung im Fall der vornehmlich unter Soldaten verbreiteten

---

92 Die wandernden Priester orientalischer Kulte stehen in der langen, im 7. Jh. v. Chr. beginnenden Reihe exotischer und griechischer Wundertäter, Propheten und Prophetinnen, die durch Orakel, Sühneriten und dergleichen einen erheblichen Einfluss auf das religiöse Leben ausübten, vor allem in der Spätantike, ohne aber die traditionelle Kultpraxis nachhaltig zu verändern. K. Latte, Harvard Theological Review 33, 1940, 9–18; J. Anderson, Sage, Saint and Sophist, London 1994.

93 Ein Zeugnis solcher Mission interpretiert H. Engelmann, Der delische Sarapis-Hymnus, Meisenheim 1964 (engl. 1976). Zur Veränderung des Isis-Kultes in seinem Ursprungsland unter griechischem Einfluss R. Merkelbach, Isis-Feste in griechisch-römischer Zeit, Meisenheim 1963.

Mithras-Mysterien sich vollzog, ist im einzelnen unbekannt,[94] wie denn der Ursprung der sog. Orientalischen Mysterien insgesamt im Dunklen liegt.

Sicher ist, dass diese in der Zeit ihrer Geltung als orientalisch angesehen wurden. Namen und Herkunft ihrer Götter, Bezeichnung und Ausstattung des Kultpersonals wiesen unmissverständlich auf bestimmte Länder. Auf der anderen Seite war keine dieser Gottheiten in ihrem Herkunftsland je mit einem Mysterienkult verknüpft gewesen. Gelegentlich vorgeschriebene Geheimhaltung bestimmter Teile des Kultgeschehens, in vielen Religionen vorgesehen, macht noch keinen Mysterienkult des griechischen Typus. Dieser ist bisher weder in Ägypten noch im Vorderen Orient nachgewiesen. Zwar hat es dort mancherlei Zulassungsbeschränkungen zu sakralen Handlungen und Plätzen, insofern also auch sakral geforderte Geheimhaltung für den Großteil der Kultgenossen und, parallel dazu, eine diesbezügliche Ausnahmestellung der Priester gegeben. Aber die Weihung aller Kultteilnehmer durch Handlungen, die in der Außenwelt geheim bleiben sollten, die Weihegrade, die durch mehrfache Teilnahme am Kult erreicht werden konnten, und das individuelle Heilsversprechen kennzeichneten gerade das griechische Mysterienwesen in seinen verschiedenen Ausprägungen. Alles das gehörte aber auch zu den vier oben genannten orientalischen Mysterien. Man kann sie darum nur als griechisch inspiriert bezeichnen.

Die Etablierung griechischer Herrschaft im Orient und die Städtegründungen waren von Anfang an von religionspolitischen Maßnahmen begleitet. So wurden gleich zu Anfang der hellenistischen Epoche vermutlich unter dem Eindruck des dramatischen, unvorhersehbaren Wechsels der Verhältnisse durch und im Anschluss an den Alexanderzug viele Kulte der Tyche als Stadtkulte eingerichtet. Die Einheimischen blieben durchweg bei der traditionellen Verehrung ihrer Götter, was anfangs, bevor auch Griechen sich den einheimischen Göttern zuwandten, die Zweiteilung der Bevölkerung verstärkte. In Ägypten bemühte sich der König, seinen ägyptischen Untertanen im Herr-

---

94   Colpe 2003 (Anm. 63 und 86) 288 ff.; 462–465.

scherkult nicht wie den Griechen als Nachfolger Alexanders, sondern als Pharao zu begegnen.[95]

In diesem Zusammenhang ist eine Maßnahme des ersten Ptolemäers von Interesse. Er schuf aus zwei Göttern den einen Sarapis, gleichermaßen für Griechen und Ägypter. Man hat vermutet, dass dabei zunächst an einen Mysterienkult gedacht war, denn seinen Berater berief der König aus Eleusis.[96] Allerdings kam es dazu nicht, und Sarapis wurde zum großen, wichtigsten Stadtgott der Metropole Alexandrien. Trotz einiger auf Ägypten bezogener Eigentümlichkeiten war er ein griechischer Gott.

Die orientalischen Mysterien erfuhren vor allem in der Kaiserzeit eine weite Verbreitung, zusammen mit alten und auch neuen Mysterienkulten. Doch darf man die Bedeutung dieses Teiles der religiösen Praxis nicht überschätzen, obgleich sie als religiöse Phänomene mit Recht die besondere Aufmerksamkeit der Wissenschaft auf sich gezogen haben. Sie leisteten dem Christentum weit weniger Widerstand als die großen Stadtkulte und die lokalen Feld-, Familien- und Grabkulte der ländlichen Bevölkerung, hinterließen aber Spuren in der religiösen und poetischen Sprache. Ihre Neubelebung während der paganen Reaktion in der römischen Aristokratie des 4. und 5. Jh. n. Chr. setzte schon ihr auch archäologisch nachgewiesenes Erlahmen voraus.[97]

Dass Mysterien, die doch aus griechischer Kultpraxis entstanden waren, sich offenbar mit ihrem orientalischen Flair als attraktiv erweisen sollten, beweist einmal mehr die Autorität, welche die „barbarischen" Überlieferungen des Ostens wegen ihres wirklichen oder angenommenen Alters bei den Griechen genossen. Die Mithras-Mysterien verbanden sich mit einer im wesentlichen griechischen Astrologie und

---

95 Zur Bedeutung des Tyche-Kultes in der Religion der hellenistisch-römischen Zeit M. P. Nilsson, Geschichte der griechischen Religion, Bd. 2, München 1950, 196 f.; 207 ff.

96 Nilsson, loc. cit. (Anm. 95), 147–149.

97 Von der Wiederbelebung paganer Traditionen im heidnischen Teil der stadtrömischen Aristokratie im 4. Jh. n. Chr. profitierten auch die Mysterienkulte, wogegen sich das „Carmen adversus paganos" wendet (Text bei Th. Mommsen, Kleine Schriften 7, Berlin 1909, 489–498). Zum Einfluss der Mysterien-Terminologie auf den Sprachgebrauch verschiedener Autoren C. Riedweg, Mysterienterminologie bei Platon, Philon und Clemens von Alexandrien, Berlin 1989.

genügten so dem Postulat der kosmologisch begründeten Natur-
gemäßheit des rechten Menschenlebens. Ob den Soldaten, die einen
großen Teil der Mithras-Anhänger stellten, das besonders am Herzen
lag, mag man bezweifeln.[98] Der Kult der Isis war vor allem bei Frauen
beliebt und muss, wie die „Metamorphosen" des Apuleius zeigen, von
großer emotionaler Wirkung gewesen sein. Die theologische Spekula-
tion machte Isis, die in der ägyptischen Bevölkerung hohe Verehrung
genoss, zu einer Allgottheit. Ein auf Papyrus erhaltener Hymnus lässt
sie bei allen Völkern bis ins ferne Indien unter verschiedenen Namen
verehrt werden.[99]

Man stößt damit auf eines der Phänomene, welche die Hellenisierung des gesamten Orients im Anschluss an den Alexanderzug hervorbrachte. Die Vorstellung von einem Weltgott, neben dem die
Gottheiten der traditionellen Religionen nicht zu verschwinden
brauchten, sondern als seine Diener und Boten ihren göttlichen Status
behielten, entsprach Anschauungen philosophischer Theologie, in der
man die Einheit des göttlichen Weltregiments mit der Vielzahl der
allenthalben verehrten göttlichen Wesen aussöhnen wollte. So respek-
tierte man volkstümliche religiöse Überlieferung, ohne einen zentralen
Gedanken philosophischer Kosmologie aufzugeben, denn die Theologie, war in der philosophischen Systematik ein Teil der Lehre von der
Natur, der Physik.

Auch in ihrem Zusammenhang lag es nahe, im Wirkungsfeld
griechischer Kultur ägyptische oder jüdische Lehren über Götter, Welt
und Mensch als Philosophien zu bezeichnen. Das galt besonders für
die Juden, denn bei ihnen entstanden damals nicht nur Werke in den
Gattungen griechischer Literatur. Es wurden auch jüdische Werke
unter dem Namen bekannter griechischer Dichter wie Menander oder

---

98 R. Merkelbach, Die Kosmogonie der Mithras-Mysterien (Eranos-Jahrbuch
    1987, 219–258); R. Turcan, Mithras Platonicus, Paris 1975.
99 Zur Transformation der Isis zur Allgottheit Th. Klauser, RAC 11, 1981, 1098–
    1103; R. Merkelbach, Isis Regina – Zeus Sarapis, Leipzig 1995. Der schwer zu
    datierende Isis-Hymnus Pap. Oxyrh. 1380 rühmt die Göttin, die in allen Län-
    dern unter jeweils anderem Namen verehrt werde. Diese Überhöhung ent-
    spricht der seit späthellenistischer Zeit herrschenden Tendenz, die vielen Göt-
    ter der traditionellen Religion als Diener und Boten eines einzigen Weltgottes
    zu deuten (Pseudo-Aristoteles, De mundo 398 a/b; Kelsos b. Origines, Contra
    Celsum 8, 35).

Phokylides veröffentlicht, und das sog. Dritte Makkabäerbuch steckt voller Aischylos-Zitate.

Die Vorstellung von ihrer Religion als Philosophie gewann bei den Juden schließlich dadurch an Gewicht, dass in der griechischen Philosophie in Unterweisung und Forschung die Interpretation älterer Werke seit dem frühen 1. Jh. v. Chr. in den Mittelpunkt trat. Damals begann die lange Reihe der Editionen und Kommentare, weil man durch immer differenziertere Interpretation der Werke Platons und Aristoteles' neue Lehren zu gewinnen suchte. Bei dieser Interpretationsarbeit dienten nicht selten Methoden, die außerhalb der platonischen und aristotelischen Tradition entwickelt worden waren, als Instrumente. Das führte wiederum zu einer Einebnung der Unterschiede zwischen den Schuldogmen, so dass auch die Übereinstimmung zwischen Platon und Aristoteles ein vieldiskutiertes Thema wurde. Die Parallele zur Bedeutung heiliger Schriften in der Philosophie der Barbaren liegt auf der Hand. Josephos verstand die Sekten im Judentum seiner Zeit, die Pharisäer, Saddduzäer und Essener, als Philosophenschulen, die er nach ihren Lehren zu Determination und Entscheidungsfreiheit einteilte – ein in der philosophischen Kosmologie und Anthropologie zentrales Thema. Ein anonymer, vermutlich jüdischer Autor, den Clemens von Alexandrien zitiert, fand in der Gliederung der Schrift nach Büchern ein System philosophischer Dogmatik.[100] Der Fromme, der nach den Worten des 1. Psalms Tag und Nacht vom Gesetz redet, steht dem Philosophen, der wie Plotin alles, was er vorträgt, als Interpretation Platons verstanden wissen will, sehr nahe.

Auch die Literatur, in der sich antigriechisches und antirömisches Ressentiment Ausdruck verschaffte, war in griechischer Sprache und Form verfasst, die schon erwähnten Orakel des Hystaspes, das ägyptische Töpferorakel, die jüdischen Sibyllinen.[101] Dabei lässt sich die

---

100 Josephos, Antiquitates Iudaicae 13, 17 ff.; Bellum Iudaicum 2, 119 ff.

101 Das ägyptische Töpferorakel (ed. L. Koenen, ZPE 2, 1968, 209 ff.) ebenso wie die jüdischen Sibyllinen, beides Zeugnisse antigriechischer bzw. antirömischer Opposition, bedienen sich griechischer Sprache, und die Sibyllinen folgen den Konventionen einer im Griechischen seit dem 6. Jh. v. Chr. nachweisbaren Literaturgattung, der Sammlung hexametrischer Orakel. Umgekehrt geben sich die sog. Chaldäischen Orakel trotz ihres im wesentlichen mittelplatonischen Inhaltes ebenso wie die Hermetica und später neuplatoni-

Frage nach den Adressaten deshalb oft schwer beantworten, weil in jedem Fall Autoren und Leser graecophon gewesen sein müssen. Die in Kappadokien, einer Gegend mit starkem iranischem Anteil der Bevölkerung, tätigen persischen Magier verfassten ihre in Resten erhaltenen Schriften auf Griechisch.[102] Auch die auf ägyptischen Papyri erhaltenen Zaubertexte sind überwiegend griechisch geschrieben, wenn auch im Kauderwelsch ihrer Zauberformeln gelegentlich orientalische Sprachbrocken deutlich werden. Der bewunderte Orient begegnete den Griechen in hellenistisch-römischer Zeit stetig zunehmend in ihrer Sprache und den ihnen vertrauten Literaturformen. Gerade hierin zeigt sich neben der Übernahme griechischer Götter[103] und Kunstformen ein bis nach Zentralasien reichender Hellenismus, der in den Jahrhunderten um Christi Geburt Länder verschiedener Sprache, Tradition und politischer Ordnung mit seiner Kultur nachhaltig prägte.

Was die Juden im Römerreich angeht, deren Geschichte in jener Zeit uns am besten bekannt ist, so suchten ihre religiösen Führer im Gefolge der blutigen Aufstände des 1. und 2. Jh. n. Chr. zwar die Rückkehr zur hebräisch-aramäischen Überlieferung, so dass die bis heute erhaltenen Teile der griechisch-jüdischen Literatur, eingeschlossen die Bibelübersetzungen, von den Christen weitergegeben und oft auch verändert wurden. Aber zu einer vollständigen Abkehr der Juden von den Sprachen und der Kultur ihrer griechisch-römischen Umwelt kam es lange Zeit nicht. Sie blieben in die Gesellschaft und Kultur des Kaiserreiches integriert.[104] Den vollständigen Bruch mit dem weltumspannenden Hellenismus gab es das erste Mal und unter völlig anderen Bedingungen im Iran unter den Sassaniden im 3. Jh. n. Chr., wo die zaroastrische Tradition zur Staatsdoktrin erhoben und das für die hellenistische Welt typische Nebeneinander und Ineinander verschie-

---

sche Schriften wie Iamblichs Schrift „De mysteriis Aegyptiorum" als Zeugnisse orientalischer Weisheit.

102 Die Zeugnisse bei J. Bidez / F. Comont, Les mages hellénisés I/II, Paris 1938.

103 Auf den Münzen der Kushan-Dynastie (1.–3. Jh. n. Chr.) im nordwestlichen Indien erscheinen griechische Götter neben indischen und iranischen. Am Beispiel der Herakles-Darstellungen aus der gesamten iranischen und seit dem 2. Jh. v. Chr. iranisch beherrschten Welt hat K. Abdullaev (CRAI 2007, Anm. 60) die Hellenisierung des Orientes deutlich gemacht.

104 Hengel, loc. cit. (Anm. 61).

dener religiöser Überlieferungen recht gewaltsam beendet wurde, wie
die Inschriften des Priesters Kardir dokumentieren.[105]

Der Respekt vor dem Alter wirklicher oder fiktiver orientalischer
Überlieferung, gerade als sie den Griechen in ihrer eigenen Sprache
begegnete, führte dazu, dass griechische Autoren ihre Texte als Zeugnisse orientalischer Weisheit erscheinen ließen. Das gilt für die Texte
des Corpus Hermeticum und die Chaldäischen Orakel, deren Spekulationen von der platonischen Philosophie gespeist sind und sich als
ägyptische, babylonische oder persische Weisheit ausgeben. Nur zuweilen stößt man dort auf möglicherweise orientalisches Detail.[106]
Dieselbe Camouflage findet man in der philosophischen Literatur,
etwa in Iamblichs Schrift von den ägyptischen Mysterien, einer angeblich von Abammon verfassten Antwort auf Porphyrios' „Brief an Ane-
bo". Die Chaldäischen Orakel erfreuten sich trotz Plotins Skepsis seit
Porphyrios des Ansehens einer anerkannten Quellenschrift im neupla-
tonischen Schulbetrieb.

Der Respekt vor dem Alter der Philosophie der Barbaren verhalf
einer Reihe älterer Legenden zu weiter Verbreitung, nämlich den Berichten von Reisen berühmter Griechen der Vergangenheit in exotische Länder, wo sie ihre Weisheit erwarben. Platons erfundene Anekdote vom ägyptischen Priester, der dem weisen Solon bedeutet, dass
die Griechen immer Kinder bleiben würden, ist demgegenüber durchaus ambivalent.[107] Wenn der Wundertäter Apollonios von Tyana nach
dem legendären Bericht Philostrats sich den Brahmanen in der Dis-
kussion überlegen zeigte, so hatte es ihn doch um der Weisheit willen
nach Indien gezogen, und Plotin wollte sich später einem Feldzug
gegen die Perser anschließen, weil er hoffte, auf diese Weise bis zu den
Brahmanen zu kommen.[108] Der pythagoreisierende Platoniker Nume-

---

105 Zur Restitution des Zaroastrismus als Staatsreligion unter den ersten Sassani-
     den Colpe 2003 (Anm. 63 und 86), 306; 660 f.

106 Siehe Dihle, loc. cit. (Anm. 72), mit Bibliographie.

107 H. Dörrie, Platons Reisen in ferne Länder, in: Romanitas et Christianitas (FS
     Waszink), Amsterdam 1973, 99–118.

108 Philostrat lässt erkennen, dass er die Brahmanen als wichtigstes Ziel der
     Wanderungen des Apollonios von Tyana ansieht (Vita Apollonii 1, 2; 18;
     16, 11 u. a.). Die aithiopischen Weisen betrachtet er (6, 11; 16) wie Heliodor
     (Aethiopica 10, 2) als Einwanderer aus Indien. Frühe Indienberichte betonen
     die Ähnlichkeiten der beiden Länder und stellen sich den Indus als Oberlauf

nios nannte Platon einen attisch sprechenden Moses,[109] und der Platoniker Kelsos suchte die Christen auch dadurch zu diskreditieren, dass
sie mit der Trennung von den Juden die Zugehörigkeit zur altehrwür-
digen Philosophie der Barbaren verwirkt hätten.[110] Dieses Urteil
stimmte zu der Religionspolitik des Kaiserreiches, die Kulte duldete,
sofern sie zur Zeit der Eingliederung des betreffenden Landes in das
Römerreich bereits bestanden, nicht aber später, also unter römischer
Herrschaft entstandene.[111]

---

des Nils vor. Noch lange trug Südarabien den Namen Indien, zuweilen mit
dem Zusatz „das diesseitige", obwohl schon zur Zeit Alexanders und spätes-
tens nach der Erschließung der Direktpassage vom Roten Meer zur Malabar-
küste niemand mehr den Unterschied leugnete. Aber lange Zeit hatten indische Waren den Westen nur durch südarabische Zwischenhändler erreicht
(P. Schneider, L'Éthiopie et l'Inde, Collection de l'École Française de Rome
nr. 335, 2004).

109 Numenius Fr. 8 des Places [E. des Places (ed.), Numénius, Fragments, Paris
      1973].

110 Josephos verfasste einen – verlorenen – Traktat über das Alter des jüdischen
      Volkes (Eusebios, Praeparatio evangelica 10, 13, 1), und seine Auseinanderset-
      zung mit dem Grammatiker Apion bestreitet vor allem die Abhängigkeit der
      „jüdischen Philosophie" von der ägyptischen (Apion FgH 616 F 4), wie es
      auch Kelsos annahm.

111 Der römische Staat pflegte die Kulte eroberter Länder zu respektieren und
      gelegentlich zu übernehmen, suchte jedoch fremdartige Rituale der Haupt-
      stadt fernzuhalten (s. oben Anm. 91). Normalerweise konnte etwa der Isis-
      Kult ebenso wie die jüdische Religion ungestört praktiziert werden (G. Stem-
      berger, RAC 19, 2001, 166–228), aber es gab aus verschiedenem Anlass so-
      wohl in den hellenistischen Staaten als auch in Rom immer wieder Unterdrü-
      ckung oder Verfolgung einzelner alter, normalerweise geduldeter Kulte. Das
      zeigen z. B. die Vorgeschichte des Makkabäeraufstandes im 2. Jh. v. Chr. oder
      die Vertreibung der Isis-Anhänger im 1. Jh. n. Chr. (Tacitus, Annales 2, 85).
      Aber auch Philosophen konnte es treffen, etwa unter Kaiser Domitian (Taci-
      tus, Agricola 10, 3 f.), oder Gelehrte und Dichter wie unter Ptolemaios VIII.
      im Jahr 144 v. Chr. (Pap. Oxyrh. 10, 1241). Die „Legatio ad Gaium" Philons
      von Alexandrien entstand in einer ungewöhnlichen, durch die Geisteskrank-
      heit heraufbeschworenen Situation, in die vielleicht das sog. Dritte Makkabä-
      erbuch gehört. Philon argumentiert unter der herkömmlichen Voraussetzung,
      dass ein Kult, der älter ist als die römische Herrschaft über das betreffende
      Land, unangetastet bleibt.

Dass die Philosophie der Barbaren besonders fromm sei, meinte ein aus Praeneste in Latium stammender, aber griechisch schreibender Literat des 2. Jh. n. Chr.[112] Sein Zeitgenosse, der eben erwähnte Kelsos, hielt in Übereinstimmung mit Passagen aus dem Corpus Hermeticum Indien und Äthiopien für Länder, die den Göttern besonders nahe seien.[113] Das erinnert an jene Wundervölker am Rande der Welt wie Äthiopen oder Hyperboreer, bei denen die Götter gern verweilen und von denen die alte Dichtung zu berichten wusste. Aber Plotins Versuch, den Ostfeldzug Kaiser Gordians zu begleiten, zeigt die Aktualität, die das alte Motiv im 3. Jh. n. Chr. auch für ihn gewonnen hatte, während er Texten wie den Chaldäischen Orakeln gegenüber skeptisch blieb.[114] Sein Schüler Porphyrios widerlegte zwar mit seiner gelungenen Datierung des Buches Daniel eines der aus dem Bibeltext gewonnenen Altersargumente.[115] Aber offensichtlich faszinierte ihn, was indische Gesandte an den Kaiserhof auf ihrem Weg nach Westen in Edessa dem Christen Bar Daisan berichtet hatten.[116] Dieser, der Archeget der syrischen Literatur, war mit der platonisch-peripatetischen Tradition vertraut. In einem Dialog nach griechisch-philosophischer Tradition behandelte er das Problem des freien Wil-

---

112 Aelianus, Varia historia 2,31; der Autor stammte aus dem latinischen Praeneste.

113 Kelsos b. Origenes, Contra Celsum 6,78; 7,62. Die herausragende Rolle Indiens in der Religion kennt auch das Corpus Hermeticum (11,11), und der apokalyptische Traktat Asclepius 24 sowie die Nag-Hamadi-Schrift 3,71 beklagen den Sturz des einst heiligen Ägypten. Die Vorstellung von der besonderen Bedeutung der Religion in Ägypten begegnet schon bei Herodot (s. o. S. 13), und die Spiritualität der Bewohner Indiens rühmt bereits Cicero bzw. seine hellenistische Quelle (De divinatione 1,47).

114 Porphyrios, Vita Plotini 3 über Plotins Plan.

115 Porphyrios, Gegen die Christen Fr. 43/44 Harnack [A. Harnack, Abhandlungen der Deutschen Akademie der Wissenschaften zu Berlin, Berlin 1916].

116 Porphyrios über Bardesanes' Gespräche mit den indischen Gesandten b. Stobaios, Florilegium 1,3,56 p. 66 ff. Wachsmuth-Hense [C. Wachsmuth / O. Hense (eds.), Ioannis Stobaei Anthologium, Berlin 1884 ff.] und De abstinentia 4,17 p. 265 f. Nauck [A. Nauck, Porphyrii philosophi platonici opuscula, Leipzig 1860].

lens anhand vieler exotischer Beispiele. Der Text liegt in syrischer und griechischer Fassung vor.[117]

Dass die griechischen Philosophen und Literaten sich mit solchem Eifer um die wirkliche oder vermeintliche Weisheit des Ostens bemühten, scheint dem ausgeprägten Klassizismus zu widersprechen, der das Bildungswesen in Kaiserzeit und Spätantike beherrschte. Er bezog sich nicht nur auf Sprach- und Literaturformen, viemehr bestimmte das, was man sich unter dem klassischen Athen und dem klassischen Rom vorstellte, im Prinzip das ganze Wertesystem. Indessen hatten schon klassische Autoren, nicht nur Herodot, sondern auch Platon und Isokrates, mit Achtung von den Barbaren berichtet. Euripides hatte neben Beispielen barbarischer Unkultur und Grausamkeit auch solche der Weisheit und der Würde auf die Bühne gebracht. Die ethnographische Tradition, in die Tacitus' „Germania" gehört, bot reichliche Gelegenheit, ein positives Barbarenbild zu zeichnen. Die ständig vermehrte Zahl von Anekdoten und Aussprüchen, die sich mit der Gestalt des Anacharsis verbanden, hielten das Bild vom weisen Barbaren im kulturellen Bewusstsein,[118] und dieses Bild stammte aus der klassischen Literatur.

Im frühen Christentum gab es anfangs durchaus auch eine Abneigung gegenüber der klassizistischen Bildungstradition mit dem Gewicht, die sie der sprachlichen Schulung und der schulmäßigen Philosophie gab. So etwa äußerte sich der Syrer Tatian und berief sich dabei als Gegenbild auf die Philosophie der Barbaren, der er seine Religion ausdrücklich zuordnete.[119] Aber schon sein Schüler Justin, ein geschulter Philosoph, verwandte dasselbe Motiv in entgegengesetztem Sinn:

---

117 Zur Schicksalslehre des Bardesanes A. Dihle in: Kerygma und Logos (FS Andresen), Göttingen 1979, 123–135.

118 Obwohl beide, Platon und Isokrates, den Hellenen/Barbaren-Gegensatz ernst nahmen und sich nicht der seit dem 5. Jh. bekannten und unter Philosophen später verbreiteten Lehre von der Gleichheit aller Menschen anschlossen, zeigen sie doch in ihren Bezugnahmen auf Ägypten den Respekt vor der alten Kultur des Landes. Das gilt etwa für den „Timaios" Platons und den „Busiris" des Isokrates, selbst wenn man das ironische Element in diesen Schriften in Rechnung stellt.

119 Tatian, Ad Graecos 1, 1 u. ö. Auch Meliton von Sardes berief sich in der Apologie des Christentums auf die Philosophie der Barbaren (Eusebios, Praeparatio evangelica 4, 6).

Sowohl die Thora – in der literarischen Tradition ein Beispiel der
Philosophie der Barbaren – als auch die griechische Philosophie hat
der göttliche Logos den Menschen geschenkt, als Vorbereitung auf die
abschließende Offenbarung des göttlichen Willens im Evangelium.[120]
Diese Überzeugung bildete die Basis, auf der dann seit dem 3. Jh. die
biblischen Texte mit den Mitteln und in den Kategorien der griechi- ·
schen Philosophie ausgelegt und daraus Systeme der kirchlichen Lehre
entworfen wurden. Schon 1oo Jahre früher hatte der Alexandriner
Philon, mit der mittelplatonischen Philosophie seiner Zeit vertraut,
diesen Weg beschritten. Es wurde schon erwähnt, dass Gegner des
Christentums den Umstand seiner Trennung von der jüdischen Religion zum Anlass nahmen, seine Zugehörigkeit zur ehrwürdigen Philosophie der Barbaren zu bestreiten. Diese Kontroverse drückt die
Schwierigkeit aus, in die das Chistentum nach Trennung vom Judentum auch in anderer Hinsicht, etwa seinem Verhältnis zum römischen
Staat, geriet. Im Streit zwischen Christen und Juden um die Zugehörigkeit zur Philosophie der Barbaren mussten beide dieselbe griechische Bibel in Anspruch nehmen. Das in diesem Streit sehr gewichtige
Altersargument, das im höheren Alter ein Wahrheitskriterium voraus-
setzte, sprach eindeutig für die Juden, auch in den Augen der paganen
und philosophischen Beobachter, die im Alten das Naturnahe voraus-
setzten. Euseb suchte dem Dilemma auf salomonische Weise zu ent-
gehen: Die christliche Wahrheit sei natürlich älter als Thora und griechische Philosophie, die sie vermittelnde Lehre aber erst später
offenbart.[121]

Folgende Phasen griechisch-orientalischer Interaktion kann man
demnach unterscheiden. Es begann mit dem langen Lernprozess, in
dem sich die Griechen während der archaischen Periode ihrer Kultur
Errungenschaften ihrer Nachbarn zu eigen machten. Dabei bezeugten
sie große Achtung vor ihren Lehrmeistern, nicht zuletzt wegen des
hohen Alters orientalischer Überlieferungen. In den Jahrhunderten
ihrer klassischen Kultur ließen sie ihre Lehrmeister auf vielen Gebieten hinter sich, ohne parallel dazu eine dauernde politische Dominanz
zu erringen. Das geschah erst im Anschluss an den Alexanderzug, der

---

120 Iustinus, Apologie 1, 5; Apologie 2, 10.
121 Eusebios, Demonstratio evangelica 1, 2.

den Orient unter griechische Herrschaft brachte, die seither über viele Länder verstreute griechische Bevölkerung in privilegierte Position versetzte und ihr das Gefühl der Überlegenheit vermittelte. Nunmehr unterlagen die orientalischen Völker einer nachhaltigen Einwirkung griechischer Sprache und Kultur, die weit über den Bereich griechischer Herrschaft hinausreichte. Das bewirkte einen weltweiten Hellenismus verschiedener Abstufung, der auch epichorische Überlieferungen sprachlich zu überformen vermochte. Da der Respekt vor dem Alter der orientalischen Kulturen bei den Griechen nie erlosch, waren sie offen für die Rezeption von Gedanken wirklich oder vermeintlich orientalischer Herkunft, die ihnen jetzt häufig in ihrer Sprache dargeboten wurden. Das galt besonders für religiöse Überlieferungen, an denen es im Orient nicht mangelte. Das erklärt die orientalische Einkleidung genuin griechischer Gedanken seit der Kaiserzeit. Judentum und Christentum in der vom Hellenismus geprägten Umwelt lassen diese Wechselwirkung besonders deutlich werden. Freilich ging sie hier tiefer als in allen anderen vergleichbaren Fällen. Nicht nur, dass sich eine reiche jüdische Literatur in griechischer Sprache und griechischen Literaturgattungen entfaltete, auch die Deutung der überlieferten Religion und ihrer Texte in den Kategorien griechischer Philosophie war bis zu dem kulturellen Umbruch, den die großen Aufstände des 1. und 2. Jh. n. Chr. im Judentum einleiteten, weit fortgeschritten. Das Christentum erwuchs aus diesem griechisch geprägten Judentum und wurde nach seiner Verselbständigung über die Generationen zum Träger der griechisch-römischen Kultur. Diese besaß ihren poltischen Rahmen im Römerreich, dessen Rechtsordnung die Kirche weitgehend übernahm. Dabei kommt der griechischen, schon vorher auch in lateinischer Sprache zugänglichen Philosophie besondere Bedeutung zu. Sie wurde in die christliche Theologie integriert, also in die Auslegung und Vermittlung einer religiösen Überlieferung ungriechischer Herkunft. Die Christen betrieben schon früh eine Mission, auch außerhalb des griechisch-lateinischen Sprachgebietes, seit sie die offizielle Religion und damit die politischen und kulturellen Interessen des Kaiserreiches vertraten. Dass daraus im Orient Nationalkirchen mit eigener Sakralsprache wurden, oft anknüpfend an dogmatische Kontroversen innerhalb der Reichskirche, hatte überwiegend soziale und politische Gründe. Diese orientalischen Kirchen entfremdeten sich im Zuge ihrer eigenen Entwicklung oft zunehmend der philosophisch geprägten, also griechisch inspirierten Theologie. Das aber war eine sekundäre Erscheinung, die zu unserem Thema in keinem direkten Zusammenhang steht, obwohl ihre Voraussetzungen weit in die Vergangenheit zurückreichen.